تعديل السلوك

الدكتور قحطان أحمد الظاهر

دار وائل للنشر

الطبعة الثالثة

2008

2

رقم الإيداع لدى دائرة المكتبة الوطنية : (2003/6/1156)

الظاهر ، قحطان

تعديل السلوك / قحطان الظاهر . - عمان : دار وائل ، 2003 .

(280) ص

ر.إ. : (2003/6/1156)

الواصفات: التوجيه التربوي / توجيه الطلاب / علم النفس التربوي / الآداب الاجتماعية
التربية / التعلم

* تم إعداد بيانات الفهرسة والتصنيف الأولية من قبل دائرة المكتبة الوطنية

****

رقم التصنيف العشري / ديوي : 371.4

ISBN 9957-11-391-7 (ردمك)

* تعـديـل السـلـوك
* الدكتور قحطان أحمد الظاهر
* الطبعـة الثالثة 2008
* جميع الحقوق محفوظة للناشر

دار وائـل للنشر والتوزيع

* الأردن – عمان – شارع الجمعية العلمية الملكية – مبنى الجامعة الاردنية الاستثماري رقم (2) الطابق الثاني

هـاتف : 5338410-6-00962 – فاكس : 5331661-6-00962 – ص. ب (1615 – الجبيهة)

* الأردن – عمـان – وسط البـلد – مجمع الفحيص التجـاري- هـاتف: 4627627-6-00962

www.darwael.com

E-Mail: Wael@Darwael.Com

بسم الله الرحمن الرحيم

{ رب اشرح لي صدري ويسر لي أمري وإحلل عقدة
من لساني يفقهوا قولي }

صدق الله العظيم

سورة طه (آية 25-28)

الإهداء ...

إلى روح أخي الشهيد عبد السلام حباً راسخاً في القلب

إلى روح والديّ اللذين منحاني كل الحب والحنان

أسكنهما الله فسيح جناته

إلى زوجتي رفيقة عمري

إلى ابنائي عبد السلام وميس وأريج

أهدي هذا الجهد المتواضع

7

محتويات الكتاب

11

قائمة الجداول

14

قائمة الأشكال

نجاح أسلوب التشكيل يتمثل في كون التعزيز متوقفاً على التغير التدريجي
ائي. فمثلاً التلميذ الذي لا ينتبه تماماً إلى المعلم، ويراد معالجته وفق أسلوب
السلوك المستهدف، وليكن على سبيل المثال الانتباه إلى المعلم طيلة مدة الدرس
هذه المدة إلى أجزاء، كأن تكون ثمانية اجزاء لكل جزء خمس دقائق. يعزز
لمدة خمس دقائق، وبعد التأكد من حدوث هذه الخطوة واستقرارها، ينتقل الى
تعزيز الانتباه إذا حدث مدة (10) دقائق وهكذا إلى أن تحقق السلوك النهائي
اء التشكيل على فرد واحد، وإنما يمكن اتباعه مع مجموعة من الأفراد، وهذا
يعة السلوك المستهدف، فقد يكون مناسباً لاجراءه مع مجموعة من الأفراد في
وير والرقص، وهذا ما اشار إليه سولرز ومايير (Sulzer and Mayer, 1977) .
تشكيل السلوك الاجتماعي والمهاري والأكاديمي للعاديين، واتسون (Watson,
Karo) ولغير العاديين رايموند (Raymond, 1984) وسلرز ومايير (Sulzer and
مختلفة وخاصة مع صغار السن أوبتن (Upton, 1983) .

ة اسلوب التشكيل في تحقيق النتائج المطلوبة، اضافة إلى التحديد الدقيق للسلوك
نطة التي تمثل ذخيرة الفرد، كما يفترض الابتعاد عن تعزيز الاستجابة التي ليس لها
. كما أنه ليس هناك معيار زمني ثابت يحدد الفترة الزمنية بين خطوة وأخرى،
خطوة، وإنما يتعلق ذلك بالسلوك المستهدف والمتغيرات المتعلقة بها، كنوع
سيطة أو معقدة لفرد واحد أو مجموعة من الأفراد، يقوم به معلم واحد أو عدة
نامج وغيرها.

أساليب تعديل السلوك

هنالك أساليب عديدة لتعديل السلوك، يمكن تقسيمها على النحو التالي:

تشكيل الاستجابات السلوكية

1- التشكيل (Shaping)

يتلخص التشكيل بتجزئة السلوك النهائي المستهدف إلى عدة أجزاء، كل متدرجة من السهل إلى الصعب. ويجري تعزيز كل خطوة، وبعد اتقانها بشكل ك التي تليها وهكذا.. حتى الوصول إلى السلوك النهائي المستهدف.

يعرف هاروب (Harrop, 1993) التشكيل هو صياغة السلوك بشكل م عن طريق تعزيز الاستجابات التي تقترب شيئاً فشيئاً من السلوك المستهدف. لذ بالتقريب التدريجي (المتعاقب) (Successive approxamation) لأنه يتدرج من ال تتابعي.

ويهدف هذا الأسلوب إلى تعليم الأفراد سلوكاً لا يتوفر عندهم في الوقت خلق السلوك المستهدف من العدم، وإنما نتوصل إلى السلوك المستهدف من خلال بها ونشكلها لتخدم الهدف النهائي.

لقد استخدم هذا الأسلوب في علاج اضطرابات النطق والصوت والطلاق السلوكية والاجتماعيةوالمهارية .

لذلك يعد هذا الكتاب اضافة جديدة لطلبة كليات التربيـة والمعلمـين والمرشـدين والآبـاء وحتـى الإداريين في المؤسسات التعليمية.

يتكون هذا الكتاب من أربعـة عشرـ فصـلاً صـغيراً، قـدم الفصـل الأول نظـرة اسـتهلالية لبدايـة المدخل السلوكي مع مقارنته بشكل مبسط مع المداخل الأخرى، مؤكـداً عـلى أهميتـه في معالجـة كثـير مـن المشكلات التي تحدث في إطار المؤسسات التعليمية، وكيـف يـتماشى مـع دور المعلـم التربـوي والتعليمـي، ووضح بشكل مكثف المبادئ الأساسية لتعديل السلوك.

وتناول الفصل الثاني أهم النظريات المؤسسة لتعديل السلوك، والتي تعد الجذور التـي اعتمـدت وطورت على أيدي كثير من البـاحثين السـلوكيين، وتعـرض الفصـل الثالـث الى الخطـوات الأساسـية لـبرامج تعديل السلوك والتي تمد القارئ بمعلومات على غاية في الأهمية في مجال تطبيق أساليب تعديل السلوك.

وغطى الفصل الرابع المشاكل السلوكية من حيـث تعريفهـا وتصـنيفها والمعـايير التـي تعتمـد في الحكم على كون السلوك سوياً أو غير سوى.

ووضع الفصل الخامس بصماته على أهم العوامل المرتبطة بمشاكل السلوك واختص الفصل الذي يليه بالعدوان بشكل خاص على اعتبار أن العدوان يخضع تحت إطاره عشرات المشكلات السلوكية اللفظية والمادية المباشرة وغير المباشرة، الوسيلية والعدائية.

ورمى الفصل السابع بظلاله على أهم طرق البحث في تعديل السلوك.

واستعرضت الفصول الثلاثة التالية أساليب تعديل السلوك مقسماً إياها إلى تشـكيل الاسـتجابات السـلوكية في الفصل الثامن وزيادة السلوكات المرغوبة في الفصل التاسع ثم استعرض الفصـل العـاشر الأسـاليب التـي تؤدي الى تنقيص المشكلات السلوكية.

وتعرض الفصل الحادي عشر إلى الأساليب الاكلينيكية وفق مبادئ التعلم في معالجة مشكلات سلوكية.

وتعرض الفصل الثاني عشر الى تعديل السلوك المعرفي الذي ركز على العمليات المعرفية في تعـديل السـلوك مغطياً أهم الأساليب المتبعة في ذلك.

وجاء الفصل الثالث عشر ليلقي نظرة على تـأثير تعـديل السـلوك في المعلـم وفي تغيـير اتجاهاتـه في مجـال العمل التربوي.

واختتم الكتاب بفصل أخير عن أهم الانتقادات التي وجهت لتعديل السلوك والرد عليها.

آمل أن أكون قد وفقت في هذا الجهد المتواضع خدمة للعلم والله ولي التوفيق.

د. قحطان احمد الظاهر

مقدمة الطبعة الثانية

سبق ان استعرضت في المقدمة الاولى اهمية تعديل السلوك، وكم هي ضرورية لمعلم التربية الخاصة بشكل خاص إذ لا يمكن ان يكون معلماً ناجحاً بلا هذه الأساليب التي تستخدم بشكل كبير جداً في تعديل أو اكساب كثير من المهارات الاكاديمية والاجتماعية والسلوكية، ولا يخفى على احد أن الاطفال ذوي الاحتياجات الخاصة هم اكثر عرضه للسلوك المشكل مقارنة بأقرانهم الاعتياديين.

ان التسلح بأساليب تعديل السلوك واجراءاتها تجعل معلم التربية الخاصة اكثر طواعية للتعامل مع الأطفال ذوي الاحتياجات الخاصة من خلال ما يخبره من فنيات وإجراءات تعديل السلوك. وهذا لا يعني أن الأمر مقتصر على التربية الخاصة، وانما يمكن أن تستخدم في مختلف المؤسسات التربوية، ومختلف الأعمار، ومن خلال شرائح متعددة بما فيهم أولياء الأمور.

وبعد ان انتهت الفترة السابقة للتعاقد، ارى من الضروري أن اطبع الكتاب مرة ثانية بنسخة منقحة ومزيدة مختاراً افضل دار نشر بشهادة الكثير.

والله أسال التوفيق والرشاد

د. قحطان احمد الظاهر

الفصل الأول

نظرة استهلالية
المبادئ الأساسية لتعديل السلوك

نظرية استهلالية

إن النظرة التاريخية المتفحصة لنظريات علم النفس تشير إلى عدم الاتفاق بين علماء النفس على تفسير السلوك الإنساني، فلا توجد نظرية واحدة مقبولة تماماً للجميع.

وما زالت الظواهر النفسية والسلوكية كثيرة جداً، فإنه من الصعب منطقياً أن نجد اتفاقاً بينهم على تفسير السلوك. ولكن وفي ذات الوقت هناك تفاوت بين نظرية وأخرى، فقد تكون احداها أكثر قبولاً وانتشاراً من نظرية أخرى، وقد تكون نظرية ما فاعلة في جانب دون آخر. فعلى سبيل المثال حين نقارن المدخل السلوكي ومدخل التحليل النفسي في إطار المؤسسات التعليمية، يمكن القول أن الأول أكثر فاعلية من الثاني.

إن المدخل السلوكي هو أحد الفلسفات التي فسرت السلوك الإنساني ارتبط بشكل أساسي بنظريات التعلم التي كانت محصلة لعدد من الباحثين، وبشكل خاص نظرية الأشراط الإجرائي لسكنر، والذي يعود أثره إلى عمل ثورندايك الذي توصل إلى قانون الأثر (Law of effect) .

ويشير مصطلح تعديل السلوك إلى مجموعة من الإجراءات التي تشكل قوانين السلوك، تلك التي تصف العلاقة الوظيفية بين المتغيرات البيئية والسلوك.

تعد مرحلة الستينات البداية الحقيقية لتطبيق إجراءات تعديل السلوك، وبشكل خاص على الأفراد غير العاديين. فقد كان المدخل الطبي هو السائد قبل ظهور الحركة السلوكية، والذي يفسر ـ أي مشكلة سلوكية مرضياً، وهذا ما يحدد دور المعلم لأنه لم يعد لمعالجات طبية، وإنما لمعالجات تربوية.

يقول اوبتن (Upton, 1983, P. 8) إن المدخل الطبي يحدد من فهمنا للسلوك، لأن المعلم ليس بصدد معرفة الأسباب، بينما يتعامل المدخل السلوكي مع السلوك الظاهر كما هو الآن.

وفي هذا السياق يمكن القول أن المدخل السلوكي هو أنسب المداخل التي يمكن تطبيقها في إطار الصف، وله سمات ايجابية تفاؤلية منها:

1- كل سلوك متعلم سواءً كان مقبولاً أم غير مقبول وبالتالي يمكن تغييره أو تعديل غير المرغوب فيه.

2- يمكن معالجة البيئة الصفية التي تسهل عملية تغيير السلوك غير المرغوب فيه عند المتعلم.

3- التعلم يحدث وفق السياق الاجتماعي من مكافآت وعقوبات.

4- يمكن تعديل المشاكل الاجتماعية للتلميذ إذا ما حدثت داخل الصف.

5- التلميذ موجه لتعلم مهمتين أساسيتين هما اكتساب السلوك المرغوب فيه الذي لم يتعلمه لحد الآن، وإبعاد الاستجابات غير المرغوبة غير المتعلمة في السلوك.

وفي الجانب الآخر فإن مدخل التحليل النفسي ليس سهلاً في التطبيق، وخاصة في إطار المؤسسات التعليمية، كما أنه يحتاج إلى نفس طويل ووقت كثير، وقد تكون مراحل التحليل النفسي المقترحة من قبل براون وبيدر (Brown and Pedder 1979, P95) توضيحاً لذلك:

1- البوح بالمشاكل إلى مستمع متعاطف

Bunding of Problems to sympathetic listener.

2- التنفيس عن المشاعر خلال علاقات ودية.

Ventilation of feeling within a supportive relationship.

3- مناقشة المشاكل الحالية مع مساعد غير محاجج

Discussion of current problem, within anon judgment helper.

4- توضيح المشاكل، طبيعتها، أصولها، خلال علاقات حميمة.

Clarification of Problem, their nature and their origins with a deeping relationship.

5- مواجهة الدفاعات Confrontation of defenses

6- تفسير الدوافع اللاشعورية وظاهرة التحول

Interpretation of unconscious motives and transference Phenomena

7- التردد (الإعادة) والتذكر وإعادة بناء الماضي

Repetition, remembering and reconstruction of the past

8- الإرتداد إلى الأداء الأقل عقلانية ورشداً

Regression to less adult and rational functioning

9- حل العقد (الصراعات) بواسطة إعادة التجريب والعمل خلال ذلك

Resolution of conflicts by reexperiencing and working through

يتبين من خلال هذه النقاط صعوبة تطبيق مدخل التحليل النفسيـ في إطار الصف، اضافة الى كونه يحتاج الى وقت طويل، كما أنه لا يمكن تطبيقه على الصف كله أو مجموعة كثيرة من التلاميذ.

في حين توجد تلك الإمكانية لتطبيق أساليب تعديل السلوك في إطار الصف أو المدرسة بشكل عام. كما أن الأخير يتلاءم تماما عند تطبيقه مع الأطفال وخاصة الصغار، بينما لا يستطيع المحلل النفسي أن يتعامل مع صغار السن.

تتميز إجراءات تعديل السلوك بأنها تعالج المشكلة حال وقوعها في الزمان والمكان، وليس من خلال جلسات اسبوعية، كأن تكون نصف ساعة أو ساعة وهو ما يقوم به معالج التحليل النفسي.

إن أساليب تعديل السلوك طبقت بشكل مكثف مع التلاميذ دون المستوى العادي، وخاصة مع المعاقين عقلياً، كما طبقت أيضا مع التلاميذ العاديين، وخاصة في المراحل الأولى (Al-Dahir, 1987, P. 72)

أما الدراسات في المرحلة الثانوية فهي قليلة جداً، ويمكن أن يعزى ذلك للأسباب الآتية:

1- قد يحتاج المدرس إلى تغيير سلوكه، وربما لا يرغب في ذلك، أو يجد صعوبة في ذلك.

2- كثرة عدد المدرسين الذين يدرسون الصف، فقد يصل عددهم إلى (12)، ولا يتشابهون في سلوكهم.

3- طبيعة القاء المحاضرات قد لا يساعد على اتباع أساليب تعديل السلوك.

4- وجود المشرف التربوي قد يجعل المدرسين غير مسؤولين لاتباع مثل هذه الأساليب.

وبالرغم من ذلك، فهناك من يقول أن دراسات اجريت في المرحلة الثانوية واثبتت فاعليتها. فمثلاً بريسلاند (Presland, 1980, P. 57) يقول إنه بالرغم من قلة الدراسات التي أجريت في المدارس الثانوية لكنها اثبتت فاعليتها بعد ان احصى الدراسات الامريكية في:

1- تقليل أو تنقيص السلوك المزعج وتحسين عادات العمل عند الأطفال حتى عمر 14 سنة.

2- تقليل الاعتداء على الآخرين.

3- زيادة انهماك التلاميذ في المهمات الصفية.

وعلى أية حال، فلقد اهتمت معظم نظريات التعلم بدور التعزيز (التدعيم أو الإثابة) في التعلم. ويعزى هذا الاهتمام إلى ما تبين من تجارب التعلم في أن للتدعيم مؤثرات قوية في التعليم، وفي انتقاء السلوك في المواقف المختلفة.

المبادئ الأساسية لتعديل السلوك

إن المدخل السلوكي في تحليله للسلوك الإنساني وتعديله يعتمد على المبادئ الأساسية الآتية:

1- **نتائج السلوك تتحكم به:** إن لسلوك الإنسان نتائج تحددها البيئة، وهي تؤثر في احتمالية حدوث السلوك، أي أن السلوك يتأثر بنتائجه فإذا كانت نتائج السلوك مفرحة إزدادت احتمالية تكرار ذلك السلوك، أما إذا كانت نتائج السلوك مؤلمة قلت احتمالية تكرار ذلك السلوك. لذلك فإن نتائج السلوك تؤدي إلى زيادته أو نقصانه أو اطفاءه.

ويمكن توضيح ذلك من خلال الجدول التالي:

جدول (1)

يوضح التأثير المستقبلي لنتائج السلوك

السلوك	نتائجه	التأثير المستقبلي المحتمل للسلوك	التصنيف
- يكتب التلميذ واجبه	يبتسم المعلم له	سيستمر التلميذ في الكتابة	التعزيز الايجابي
- تحدث الفوضى في الصف	يصرخ المعلم لاسكاتهم	سيكف التلاميذ عن الفوضى	التعزيز السلبي
- يتحرك التلميذ لغرض جلب انتباه المعلمة	تتجاهل المعلمة ذلك السلوك	يتلاشى ذلك السلوك	الأطفاء
- البنت تساعد أمها في تنظيف البيت	تمدحها الأم	تستمر البنت في مساعدتها	التعزيز الايجابي
- التلميذ يترك مقعده	يمسكه المعلم بقوة شديدة ويرجعه إلى مكانه	يتوقف التلميذ عن الخروج عن المقعد	العقاب
- الطفل يحبو ويفتح الباب	تبتسم له الام	يكرر الطفل ذلك السلوك	التعزيز الايجابي
- التلميذ يعتدي على زميله	يصفعه المعلم	يتوقف عن الاعتداء	العقاب
- يقف التلميذ دون غيره للمشاركة في الإجابة عن اسئلة المعلمة	لا تسأل المعلمة إلا الجالسين	يتجنب الوقوف	الإطفاء

2- **التركيز على السلوك الظاهر القابل للملاحظة:** إن التركيز على السلوك الظاهر يساعد على القياس بشكل دقيق، بعيداً عن التنبؤ الكيفي، كما يمكن التعرف على فعالية الإجراءات المتبعة في العلاج. ولن يكون القياس دقيقاً وموضوعياً إذا كان السلوك غير قابل للملاحظة، الأمر الذي يجعل الباحث يعطي تفسيرات مبهمة، أو قد يدخل في متاهات لا يستطيع الخروج منها.

3- **إن السلوك الظاهر غير المقبول هو المشكلة ذاتها وليس انعكاس لعوامل داخلية:** وهو بهذا يختلف عن نظريات علم النفس التقليدية التي تنظر إلى السلوك على أنه عرض لصراعات نفسية داخلية فالمدخل الطبي على سبيل المثال يرى ضرورة معالجة الأسباب الداخلية التي ستؤدي تلقائياً الى تغيير السلوك، كما هو الحال عند معالجة حرارة الجسم يكون بعلاج الأسباب الداخلية.

بطبيعة الحال لا يمكن لأحد أن ينكر المدخل الطبي وخاصة لبعض السلوكات كالصرع مثلاً، ولكن السلوكات غير المقبولة كثيرة الأنماط ومتعددة الدرجات ومختلفة الأسباب، وقد يكون كثيراً منها لا يحتاج إلى علاج طبي، وإنما يحتاج إلى علاج تربوي، والمدخل السلوكي قد يكون فاعلاً في هذا المجال، وخاصة في المؤسسات التعليمية، لأن المعلم أعد لمعالجات تربوية، وليس لمعالجات طبية.

وإذا فسرنا كل سلوك على أنه عرض لأسباب داخلية، فهذا يحد من فهمنا للسلوك، ويعرقل من وضع البرامج التربوية والعلاجية.

يقول ايزنك (Eysenek, 1978) في هذا الصدد، إن نظرية العلاج السلوكي ترى أنه لا توجد امراض وراء الأعراض وإن هذه الأعراض، لا تخبئ شيئاً مخفياً، فإن استطعت معالجة العرض تخلصت من المرض.

لهذا يمكن القول إن التعامل مع السلوك غير السوي الظاهر على إنه المشكلة، وليس مجرد عرض لأسباب داخلية، ينسجم تماماً مع دور المعلم كتربوي ومرشد.

4- السلوك المقبول وغير المقبول متعلم: إن السلوك المقبول وغير المقبول متعلم حيث يخضع كلاً منهما لقوانين التعلم نفسها، فالنتائج المعززة التي يشعر من خلالها الفرد بالارتياح تميل إلى التكرار، ولكن قد يكون هذا السلوك غير مقبول اجتماعياً.

إن المشكلة السلوكية ما هي إلا استجابات أو عادات اكتسبها الفرد بفعل خبرات خاطئة، يمكن التوقف عنها أو استبدالها بسلوك أنسب وأفضل.

إن المدخل السلوكي يختلف عن مداخل علم النفس التقليدية في أنه يحمل في طياته عنصر ـ التفاؤل، فما زال السلوك متعلم لمتغيرات بيئية، فبالإمكان أن نغير ذلك السلوك من خلال التحكم بهذه المتغيرات، اضافة إلى أن المدخل السلوكي ينظر إلى السلوك – الآن- ولا يتطلب اعادة الماضي.

ولابد من الإشارة الى أن المدخل السلوكي لا ينكر بأن بعض الأنماط السلوكية غير الصحيحة هي نتيجة لعوامل عضوية، كالعوامل الجينية أو الفسيولوجية كالخلل في الكروموسومات، تلف الدماغ، الاضطرابات البيكيمياوية.. لكنها تتأثر في الوقت نفسه في الظروف البيئية (الخطيب، 1987، ص 22).

ولهذا هناك من يرى أن العلاج السلوكي ضيق ومتحيز في نظرته للسلوك بسبب اصرار بعض المعالجين السلوكيين على أن كل جوانب السلوك المرضي تخضع لقوانين التعلم، وإن مبادئ التعلم لا تشتق إلا من التجارب المعملية، لهذا تعد المنهج الوحيد المقبول لتعديل السلوك والحقيقية إن ممارسي العلاج السلوكي لا

يتفقون بالاجماع على ذلك. يشير ولبه (Wolpe, 1970) مثلاً وبوضوح إلى أن العصاب والذهان اضطرابان سلوكيان اسبابهما منفصلة ومتباعدة.

ويذكر البعض إلى احتمال دخول اسباب فسيولوجية غير مكتسبة على بعض الذهان، لكنهم يقترحون أن القصور الفسيولوجي يؤدي إلى استجابات معرفية ووجدانية، وإن هذه الاستجابات يمكن اكتشافها وازالتها وفق قوانين التعلم (ابراهيم، 1998، ص 82) .

5- **إنها تعتمد على المنهجية والتجريب:** إن تعديل السلوك يركز على ايجاد العلاقة بين المتغيرات البيئية والسلوك، حيث يمكن السيطرة على تلك المتغيرات ومراقبة نتائج السلوك، فهو إذن نقيض العشوائية. ونلمس في حياتنا اليومية كثيراً من الآباء والامهات والمعلمين وأناس آخرون يستخدمون أنواعاً كثيرة من التعزيز، لكنها تفتقد إلى المنهجية العلمية، فتتسم بالعشوائية التي قد ترجع في بعض الأحيان بمردود سلبي على الأطفال.

إن فاعلية التعزيز تعتمد على كيفية استخدامها، ومكان وزمان الاستخدام، ومراعاة الفروق الفردية بين الأفراد من حيث الصفات والسمات والأمزجة التي يتصفون بها، فضلاً عن اختلاف ظروفهم البيئية.

إن تعديل السلوك يتميز بأنه يعالج المشكلة في مكان وزمان حدوثها، فالمشكلة التي تحدث في الصف تعالج فيه، والتي تحدث في البيت تعالج فيه، إذ قد يكون هناك مشاكل سلوكية تحدث في بيئة دون أخرى لوجود متغيرات معززة لذلك السلوك. فقد يوصف الطفل بأنه مشكل سلوكياً في المدرسة، لكنه غير ذلك في البيت والعكس صحيح.

كما إنه ليس بالضرورة أن تكون المشكلة مستمرة فقد تحدث في بعض الأحيـان في فـترة معينـة دون غيرها، كأن تحدث في الصباح مثلاً أو في فترة الظهيرة أو غيرها في الأوقات.

أما اشهر طرق التجريب في تعديل السلوك فتعتمد على تصميم بحث الحالة أكثر مـن الاعـتماد على الطريقة التقليدية في علم النفس وهي مقارنة المجموعات.

إن البرامج النظامية في تعديل السلوك تعتمد على التحليل المنطقي والموضوعي من خلال تقديم تفسيرات مقنعة للمتغيرات المسؤولة عن التغيير، وسيجري نقاش ذلك في الفصول اللاحقة.

المراجـــع

- إبراهيم، عبد الستار (1988) . علم النفس الاكلنيكي، مناهج التشخيص والعلاج النفسي- الرياض: دار المريخ للنشر.

- الخطيب، جمال (1987). تعديل السلوك: القوانين والإجراءات .عمان: جمعية عمال المطابع التعاونية.

- Al- Dahir, K. A. (1987). A study of behaviour modification with special reference to mentally retarded children. **Unpuplished Med Dissertation**. University College Cardiff.

- Brown, D. and Pedder, J. (1979). **Introduction to psychotherapy**. London: Tavistock Publications.

- Eyseneck, H. S. (1978). **Argon and neurosis**. Glassgow: William Collins.

- Presland, J. (1980) Behaviour modification in secondary school In, G. Upton and A. Gobell (Eds) **Behaviour problems in the comprehensive school**. Cardiff, Faculty of Education, University College Cardiff.

- Upton, G. (1983) **Education of children with behaviour problems**. Cardiff. Faculty of Education, University College- Cardiff.

الفصل الثاني

النظريات المؤسسة لتعديل السلوك

النظريات المؤسسة لتعديل السلوك

نظرية الأشراط الكلاسيكي (Classical Coditioning Theory)

ارتبطـت هـذه النظريـة بشـكل رئيسـي بالعـالم الـروسي بـافلوف (Povlov) (1936-1849) الذي لاحظ أن الحيوانات تفرز اللعاب لمثيرات أخرى غير الطعام مثل صوت وقع أقدام مـن يقدم لها الطعام ورؤيته. لقد جذبت هـذه الظاهرة، المتعـذر تفسـيرها والمزعجة في بدايـة الأمـر انتبـاه بافلوف بصورة متزايدة، ذلك ما دعا بافلوف إلى القيـام بسلسـلة مـن الدراسـات عـن إفـراز اللعاب عند الكلاب، وهو العمل الذي حاز به جائزة نوبل.

لقد استخدم بافلوف طريقة الأشراط التقليدي (الكلاسيكي) للتحقق من العوارض الفسيوعصبية التي يتميز بها المضطربون عصبياً، حيث قام زملاؤه فيما بعد باستخدام نتـائج ابحاثـه واقتراحاتـه النظريـة والتطبيقية لمعالجة ذوي الأمراض النفسية من مواطنيهم في روسيا (حمدان، 1982) تتلخص نظرية بافلوف بان المثير الحيادي (الصوت) إذا ما تزامن حدوثه مع المثير غير الشرطي (الطعام) فإنه يكتسب القدرة علـى إحداث الاستجابة (اللعاب) التي كان يستجرها المثير غير الشرطي فقط في الماضي.

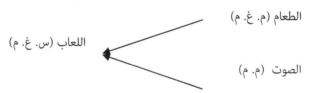

الطعام (م. غ. م)

اللعاب (س. غ. م)

الصوت (م. م)

وبمرور الزمن ونتيجة الاقتران تصبح

الصوت (م. م)   اللعاب (س. م) ←

فحب الطفل لأمه يعتبر مثيراً مشروطاً، تعطيه الحليب الذي يعد مثيراً غير مشروط، يجعل الطفل يشعر بالمتعة، وهي استجابة غير مشروطة، وبمرور الوقت ونتيجة لاقتران الأم بالحليب تكتسب الأم (المثير الشرطي) القدرة على إحداث الاستجابة (الإنعكاس الشرطي) التي كان يحدثها الحليب.

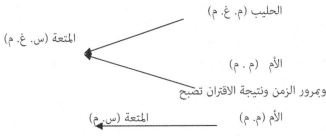

الحليب (م. غ. م)

المتعة (س. غ. م)

الأم   (م . م)

وبمرور الزمن ونتيجة الاقتران تصبح

الأم (م. م)   المتعة (س. م) ←

ولابد من الإشارة إلى أن الأشراط يكون أسرع إذا سبق المثير الشرطي المثير غير الشرطي بوقت قصير كأن يكون نصف ثانية. كما يمكن أن يستخدم المثير الشرطي مثيراً طبيعياً لمثير محايد جديد. على سبيل المثال لنفرض أن الشخص (أ) يدعو إلى ارتياح العائلة (ع) وعندما يرافقه شخص آخر(ب) وبمرور الزمن ونتيجة للرفقة (الاقتران) يصبح الشخص (ب) المثير الشرطي يحدث الاستجابة التي كان الشخص (أ) يحدثها فقط في الماضي، ويمكن أن يصبح المثير (ب) الذي اكتسب استجابة (أ) مثيراً طبيعياً لشخص جديد (ج) المثير المحايد الجديد.

ويحدث الانطفاء إذا حدث المثير الشرطي دون تقديم الطعام مما يؤدي إلى توقف سيل اللعاب، كما أشارت إلى ذلك تجارب بافلوف، وقد يحتاج الاقتران إلى

عدد كبير لحدوث سيلان اللعاب، ولكن بمجرد عدم الاقتران حتى لو لمرتين يقل سيل اللعاب الى النصف. ومن جهة أخرى إذا أخذ الحيوان بعيداً عن مكان التجريب لمدة من الزمن، وتعاد التجربة مرة أخرى من خلال ربط المثير الشرطي بالمثير غير الشرطي تحدث الاستجابة الشرطية وهو ما يسمى بالعودة التلقائية، لكنها ليست بنفس القوة السابقة، وتحدث الاستجابة الشرطية لمثيرات مماثلة هو ما يسمى بتعميم الأثر، إذ تحدث الاستجابة وإن اختلفت نغمة الصوت، أو تغير لون الضوء إلى لون آخر قريب شريطة تقديم المثير غير المشروط.

ولكن ومن وجهة أخرى فإن بافلوف يؤكد على مبدأ آخر من مبادئ الاشراط الكلاسيكي وهو التمييز، فعندما يستجيب الحيوان لمثير كأن يكون صوتاً بوزن معين فإنه لا يستجيب إلى إلى ذلك إذا لم يقدم له الطعام.

وقد لخص فرنون (Vernon) بعض المبادئ المتعلقة بالأشراط التقليدي (الكلاسيكي):

1- إن إقتران مثير مشروط (م م) بمثير غير مشروط (م غ م) يمنح المثير المشروط قوة ذاتية لإثارة نفس الاستجابة التي تمتع بها المثير غير المشروط.

2- إذا كان المثير غير المشروط قوياً، فإن استجابته الانعكاسية تكون قوية والعكس صحيح.

3- إذا كان المثير غير المشروط قوياً وعالي الفعالية أثناء عملية التعديل السلوكي فإن استجابة المثير المشروط خلال اقرانهما تكون قوية أيضا.

4- إذا ازدادت مرات إقران المثير المشروط بدرجة كافية ومناسبة بالمثير غير المشروط، فإن ذلك يساعد المثير المشروط على اكتساب استجابة المثير غير المشروط بشكل واف.

5- إن تقديم مثيرات مشابهة للمثير المشروط يؤدي إلى ظهور استجابات متشابهة (حمدان، 1990).

لقد استفاد واطسون (Watson) الأمريكي من نظرية بافلوف حيث قام مع زميلته رينر (1920) بتطبيق نظرية التعلم الشرطي على الطفل (البرت الصغير) حيث استطاعا أن يخلقا مرضاً نفسياً (الفوبيا) لهذا الطفل بطريقة تجريبية داخل المختبر. تلخصت التجربة في أن واطسون ورينر اعطيا طفلاً صغيراً عمره احد عشر شهراً عدد من الأشياء: فأر أبيض، أرنب، كلب، معطف من الفراء، كرة من القطن، وبعض الأقنعة، واستجاب البرت لهذه الأشياء بمحاولة الوصول إليها والاهتمام بها واللعب معها. ثم فاجأ الباحثان ألبرت بصوت عال نتج عن طرق قضيب في الحديد، وعندها بدأ ألبرت بالصراخ. لقد كان الهدف من ذلك توضيح أن المخاوف يمكن أن نتعلمها نتيجة للربط بين ظهور المثير الأصلي (الصوت المفزع) والمثير المشروط (الفار الأبيض) تماماً كما كان بافلوف يعلم حيواناته أن تستجيب بإفراز اللعاب نتيجة الارتباط بين ظهور الطعام، والمنبهات الشرطية (صوت الجرس والضوء) وكررت هذه الحالة، فكلما حاول البرت الوصول إلى الفأر اسمعاه الصوت العالي المزعج. وقد نجحت تجربة البرت في اثبات ذلك، فقد تحول مشهد الفار المحايد للطفل في سنته الأولى من عمره إلى مصدر للفزع بعد سبعة أيام من التعرض للعبة الفأرالأبيض مقرونًا بهذا الصوت المفزع.

فكان البرت يصرخ بحدة ويرتعد خائفاً عندما يشاهد لعبة الفارالأبيض، وأخذت مخاوفة تتعمم نحو كل الأشكال الفرائية كالأرانب والكلاب وكرات القطن وبابا نويل الأبيض (فطيم والجمال 1988).

ولكن بالرغم من نجاح التجربة فلا يمكن أن تعمم هذه الحالة لأنها ترتبط بالكائن الحي وبالزمان والمكان، حيث لا يمكن القبول بأن مثير ما يتبعه باستمرار

استجابة معينة بغض النظر عن الكائن الحي، لأن الناس في حياتهم اليومية يستجيبون استجابات مختلفة لنفس المثير، ويستجيب الفرد الواحد استجابات مختلفة للمثير ذاته في أوقات مختلفة، وقد تكون الاستجابة بمؤثر داخلي أو خارجي لذلك يحدد الاستجابة المثير الكائن الحي والزمن والمكان.

وقد نستفيد من نظرية المثير والاستجابة في تعديل وتغيير واطفاء كثير من السلوكات غير السوية كالخوف والقلق من خلال التحكم بالمثير أو الاستجابة. نتحكم بالمثير لتغيير الاستجابة وفي أحيان أخرى لا نستطيع التحكم بالمثير فنغير الاستجابة من خلال بعض الاساليب الفنية. ومن الأمثلة على ذلك، نحن قد نزيد من شدة المثير لنقلل من تأثير الاستجابة، فالطفل الذي يخاف من موقف ما يمكن ان نعرضه للموقف نفسه بشكل مؤثر، أو للموقف نفسه ولكن بشكل أشد، أو لمواقف مشابهة بشكل مستمر بحيث يؤثر في تقليل السلوك غير السوي.

أما العالم الأمريكي ثورندايك (Thorndike) (1874-1949) فقد اقترح أن قوانين الاشراط الكلاسيكي غير كافية لتفسير السلوك وخاصة المعقد، وأظهر نظريته المعروفة بالمحاولة والخطأ.

كان ثورندايك يضع القطط المحرومة من الطعام في اقفاص محيرة وهي اقفاص يمكن للحيوان الخروج منها بأداء أفعال بسيطة مثل جذب حبل ما، الضغط على سقاطة، أو يضغط بقدمه على لوح ما. وكباعث على حل المشكلة، كان الطعام يوضع خارج القفص بحيث يمكن للحيوان رؤيته وشم رائحته. وعند قيام القطط من الهرب تجد قطعة من اللحم. لقد حسب ثورندايك الوقت، فوجد أن الوقت يقل في كل محاولة للخروج إلى أن أصبح الوقت الذي تستغرقه عملية الخروج سبع ثوان بالمرة الثانية والعشرين والثالثة والعشرين والرابعة والعشرين بعد أن كانت في المحاولة الأولى (160) ثانية.

والجدول التالي يبين النقص الزمني من خلال المحاولة والخطأ الذي تستدل منه على تعلم الحيوان..

جدول (2)

يبين المحاولة والزمن*

المحاولة	الزمن بالثانية	المحاولة	الزمن بالثانية	المحاولة	الزمن بالثانية
1	160	9	25	17	12
2	40	10	15	18	10
3	90	11	20	19	7
4	90	12	35	70	15
5	15	13	15	21	10
6	35	14	15	22	7
7	25	15	20	23	7
8	30	16	15	24	7

لقد صمم ثورندايك اقفاصه التي أطلق عليها الاقفاص الميكانيكية بطريقة تجعل أمام الحيوان أكثر من طريقة لفتح الأبواب، كالضغط على لوح أو تحريك سقاطة أو جذب حبل أو إدارة زر خاص.

ويعتقد ثورندايك إن كل الحيوانات وكذلك الإنسان يقومون بحل المشكلات بالتعلم عن طريق المحاولة والخطأ، وتصبح الأساليب السلوكية الناجحة هي الأكثر تكراراً، وفي نفس الوقت يقل احتمال حدوث الافعال غير الناجحة.

* المصدر : أحمد زكي صالح (1972) علم النفس التربوي (ط10) القاهرة: مكتبة النهضة المصرية، ص 383.

وبناء على نتائج دراساته وضع ثورندايك قانوناً اسماه قانون الأثر الـذي يـتلخص بـأن الارتبـاط يقوى بين المثير والاستجابة إذا أعقب الاستجابة التي احدثها المثير حالة ارتياح، ويضعف الارتباط إذا اعقب الاستجابة التي احدثها المثير حالة عدم ارتياح.

ولقد استفاد العالم الامريكي سكنر (Skinner) من نظرية ثورندايك لتطوير نظريته السلوكية.

نظرية الاشراط الاجرائي (Operant Conditioning)

ارتبطت هذه النظرية بالعالم الامريكي سكنر (1904-1991) الـذي مـيز بـين السـلوك الاسـتجابي (Respondent Behaviour) وهو السـلوك الـذي تحكمـه المثيـرات السـابقة والسـلوك الاجرائـي (Operant Behaviour) وهو السلوك الذي تحكمه المثيرات اللاحقة فلم يركز سكنر على العلاقة بين المثير والاستجابة بحد ذاتها بل على نتائجها النفسية والمادية عـلى الفـرد، ثـم كيفيـة تعزيزهـا، وهـو مـا يسـمى بالأشراط الاجرائي، تتلخص نظرية سكنر بأنه اذا كانت الاستجابة لها نتائج مفرحة، كأن تعزز أو تكافئ يزيد احتمال حدوثها، أما إذا كانت الاستجابة لها نتائج مؤلمة كأن تعزز بشكل سلبي أو تعاقب بطريقة ما يقـل احتـمال حدوثها.

على سبيل المثال لو سأل المعلم سؤالا وأجاب أحد التلاميذ عليه خطئاً ، ولاقى التـوبيخ والتعنيـف فأنـه سوف لا يحاول المشاركة حتى ولو عرف الأسئلة اللاحقة، بينما لو تعامل المعلم بأسلوب تربوي مع التلميذ قائلا له أنت تقصد (كذا) ويعيد له الجواب الصحيح ، سيقول التلميذ نعم ، ويطلب منه إعادة الجـواب ، ويعززه قائلا ممتاز، بارك الله فيك ، حيث أوحى المعلم لبقية التلاميذ أن جواب التلميذ صحيحا، وهـذا مـا يشجعه على المشاركة والتفاعل لأن نتائج السلوك كانت إيجابية .

والطفل الذي لديه اضطراب في النطق المتمثل بالحذف أو الإبدال، ونطق الكلمة بشكل صحيح بلا حذف أو إبدال، ولقى التعزيز الإيجابي، يساعد ذلك على اعادة الكلمة بشكل سليم، وقد يعمم ذلك إلى كلمات أخرى. وحتى لو كان النطق غير صحيح بالدرجة الكافية، فأنه يشجع ويعزز لكي يعيد المحاولة ثانية وثالثة حتى يحقق النطق الصحيح لأن نتائج السلوك مهم جدا في تكرارية السلوك أو عدمه.

وبالرغم من تأكيد سكنر على السلوك الظاهر، وخاصة في كتابة العلم وسلوك الانسان (1953) وليس على عمليات نفسية داخلية مفترضة، والتي تعد الأساس في تعديل السلوك، فإنه لا يمكن رفض الأسباب اللاشعورية، لأن الإنسان في بعض الأحيان يتصرف تصرفاً لا يعرف الأسباب الحقيقية له. كما أنه لا يمكن القول إن تعديل السلوك يستطيع معالجة كل السلوكات غير الصحيحة.

وفي هذا السياق، لا يمكن في أي حال من الأحوال، أن نرفض تماماً المداخل الأخرى فقد يكون المدخل الطبي على سبيل المثال، أكثر فاعلية لعلاج حالة الصرع، وذلك من خلال استعمال بعض الأدوية التي تحد أو تقلل من نوبات الصرع. بالرغم من أن السنوات الأخيرة شهدت استخداماً للعلاج السلوكي في تقليل نوبات الصرع كأساليب التعزيز التفاضلي، الأشراط المنفر، الاسترخاء (الخطيب، 1993) ولكن ما يمكن قوله أن تعديل السلوك من أهم المداخل التي يمكن أن يستفيد منها المعلم في اطار الصف، لأنه لم يعد لمعرفة الأسباب اللاشعورية او للمعالجات الطبية.

إن معرفة المدرس لروح نظرية الاشراط الاجرائي تمده بمعلومات على غاية من الأهمية في خلق جو صحي غني تلك التي تسعى لجعل المتعلم في وضع نفسي جيد من خلال التأكيد على نتائج السلوك. فهي تدعو ضمناً إلى إبعاد المتعلم عن أي حالة من حالات الفشل والاخفاق. ونحن نعرف ما للفشل والاحباط من تأثير

في التوافق النفسي والاجتماعي للفرد، ويعد أحد الأبواب الرئيسية للسلوك المنحرف، وما يعقب ذلك من مشاكل خاصة اذا لم يكن هناك تدخل علمي وموضوعي لمعالجة ذلك السلوك، إضافة إلى ما سبق فان هناك علاقة ديناميكية بين المدرس والمادة، فليس منطقياً بشكل عام ان يحب المتعلم المادة ويكره مدرسها، أو يكره المادة ويحب مدرسها. وبما أن العلاقة تفاعلية بينهما، لذلك يمكن أن نحسن المتعلم في مادة ما من خلال تعامل المدرس وهي تصب بالمادة. ان المدرس اذا أظهر حبه واحترامه للمتعلم، واتصل به بشكل مقصود، وتبادل الحديث معه وخاصة فيما يحب الى غيرها من الأساليب مما يدعو المتعلم إلى حب المدرس، وإذا أحبه إنتبه الى تدريسه، كما أنه يسعى لأن يكون بالصورة المناسبة لتعامل المدرس معه. إن ذلك ينعكس بشكل ايجابي على المادة التي يدرسها.

ويمكن أن نحسن المتعلم في مادة ما من خلال عملية التدريس وما تتضمنه من أساليب وطرق، وكل ما يدعو إلى شد المتعلمين كتوزيع البصر، تلاقي العيون، اللغة السهلة الواضحة، الوقفات بين الجمل والعبارات ليتسنى للمعلومة أن تستقر في الذهن، السرعة المعتدلة للصوت، التحكم بالصوت (العلو والانخفاض والاسراع والبطئ) وفق ما يتطلبه الحال، اضافة إلى التسلسل الموضوعي والمنطقي واستخدام الوسائل والطرق الكفيلة بخلق جو ايجابي. إن ذلك كفيل بزيادة الانتباه الذي يؤدي بدوره إلى تحسن المتعلم بالمادة، وهي تصب في الانطباع الذي يؤخذ على المدرس والذي يشكل حالة من الارتياح له.

لذلك يمكن القول، إن فهم روح نظرية الاشراط الإجرائي يفسح المجال أمام المدرس للدخول إلى باب النجاح، وهناك مقولة مشهورة في العمل التربوي وهي لا يوجد انجح من النجاح.

نظرية التعلم الاجتماعي (Social Learning Theory)

ارتبطت هذه النظرية بعالم النفس بندورا (Bandura) الذي يعتقد أن لدى الإنسان ميل فطري لتقليد سلوكات الآخرين حتى لو لم يستلم أي مكافأة أو تعزيز لفعل ذلك.

لقد استخدمت عدة مصطلحات لتدل على الظاهرة كالتعلم عن طريق الملاحظة (Observation Learning) أو التعلم الاجتماعي Social Learning أو الاحتذاء وفقا لنموذج معين (Modeling) او المحاكاة (Imitation) (دايفيدوف 1992)

ومن الأمثلة على هذا النوع من التعلم ما قام به بندورا وروز (Bandura and Ross 1969) اللذان أجريا تجربة على مجموعة من الأطفال لمشاهدة أفلام تلفزيون قصيرة، تصف شخصاً يتصرف بعنف وغلطة مع دمية من المطاط، فكان يركلها ويقرصها ويصفعها على الوجه وينثرها بعد تمزيقها الى قطع متناثرة. وعندما نقل الباحثان الأطفال إلى حجرة أخرى تتوفر فيها دمى متشابهة. بدأ الأطفال يتصرفون بنفس العدوان والغلطة. وبهذه التجربة وغيرها استطاع بندورا بجامعة ستانفورد ان يضع نظريته في التعلم الاجتماعي أو التعلم من خلال المشاهدة .

يتبين من ذلك أن كثير من التعلم يحدث عن طريق التقليد والنمذجة ومن هنا يأتي دور الآباء والمعلمين والاقران في علمية التعلم، ويفترض أن يكونوا نماذج جيدة ليكونوا أهلاً للتقليد والمحاكاة. ويعد النموذج ذو المكانة الاجتماعية الأكثر محاكاة وتقليداً فالممثل والمغنى والسياسي المشهور أكثر محاكاة من غيره. وفي إطار الصف يكون التلميذ النجم (star) أكثر تأثيراً في أقرانه من بقية التلاميذ سلباً كان أم ايجاباً.

ويعد لعب الأدوار منهجاً من مناهج التعلم الاجتماعي الـذي يمكـن مـن خلالـه تعلـيم الأطفـال جوانب كثيرة من المهارات الاجتماعية، كما يكون مدخلاً فاعلاً لتحرير الأطفال من مشـاكل سـلوكية. فمـثلاً يطلب من الطفل الذي يخاف أداء دوراً نقيضاً لهذه الصفة، فيأخـذ دور الجـرئ. ويسـند إلى الطفـل غـير المتفاعل مع اقرانه (الذي يحب أن يبقى لوحده) دور يمثل شخصاً متفاعلاً. ويعطى الطفل الـذي لا يمتلـك كفاية من الثقة بالنفس دوراً يعزز تلك الثقة بالنفس.. وهكذا.

ويوضح أرجيل (Argyle, 1984) خمس مراحل على المعالج أن يتقنها:

1- عرض السلوك المطلوب تعلمه أو التدريب عليه واكتسابه من المعالج، أو مـن خـلال نمـاذج تلفزيونيـة مرئية أو تسجيلات صوتية.

2- تشجيع الطفل على أداء الدور مع المعالج أو مساعدة أو مع طفل آخر، أو مع دمى أو عرائس.

3- تصحيح الأداء وتوجيه انتباه الطفل لجوانب القصور فيه وتدعيم الجوانب الصحيحة فيه.

4- إعادة الأداء وتكراره إلى أن يتبين للمعالج اتقان الطفل للسلوك.

5- الممارسة الفعلية في مواقف حية لتعلم الخبرة الجديدة .

إن لعب الأدوار الملائمة والاكثار منها وتنويعها بحيث تشتمل على مواقف متنوعة ستمد الطفـل برصيد هائل من المعلومات النفسية الملائمة التي ستزيد من ثقتـه بنفسه عنـد مواجهـة المواقـف وخـلال علاقاته الاجتماعية.

المراجــــع

- حمدان، محمد زياد (1982، 1990). **تعديل السلوك الصفي (سلسلة التربية الحديثة)**. عمان: دار التربية الحديثة.

- الخطيب، جمال (1993). **تعديل السلوك الأطفال المعوقين، دليل للآباء والمعلمين**. عـمان: اشراق للنشرـ والتوزيع.

- دافيدوف، ل. لندا (1992). **مدخل إلى علم النفس**، ط3، القاهرة: الدار الدولية للنشر والتوزيع.

- صالح، أحمد زكي (1972). **علم النفس التربوي**، ط5، القاهرة: مكتبة النهضة المصرية.

- فطيم، لطفي محمد، والجمال أبو العـزايم عبـد المـنعم (1988) **نظريـات التـعلم المعـاصرة وتطبيقاتها التربوية**. القاهرة: مكتبة النهضة المصرية.

- Argyle, M. (1986). Social behaviour, In. Herbert (Ed) **Psychology for social behaviour workers** (2nd ed) London: Methuen.

الفصل الثالث

الخطوات الأساسية لبرامج تعديل السلوك

1- تحديد الأهداف السوكية.

2- ترتيب المشكلات حسب الأهمية.

3- عمل خط الاساس.

طرق قياس السلوك

(أ) تسجيل تكرار السلوك.

(ب) تسجيل العينة الزمنية.

(ج) تسجيل مدة حدوث السلوك.

(د) تسجيل الفواصل الزمنية.

4- تحديد المعززات

(أ) المعززات الاجتماعية.

(ب) المعززات المادية.

(ج) المعززات الغذائية.

(د) المعززات النشاطية.

5- مرحلة التدخل

جداول التعزيز

(أ) التعزيز المتواصل

(ب) التعزيز المتقطع

1- جدول النسبة الثابتة.

2- جدول الفترة الزمنية الثابتة.

3- جدول تعزيز متغيرة الفترة الزمنية.

4- جدول تعزيز متغيرة النسبة العددية.

6- مراقبة التقدم.

الخطوات الأساسية لبرامج تعديل السلوك

قبل البدء بالبرنامج العلاجي، لابد من تحليل السلوك تحليلاً دقيقاً بعيداً عن العمومية والعشوائية، والأحكام الناقصة. وهذا يتطلب تحديداً دقيقاً للسلوك المراد تغييره من خلال معرفة ماهيته، عدد مرات حدوثه، اين ومتى يحدث؟ ما غرضه؟ كما يتطلب معرفة نتائج السلوك وما ومن يعززه؟لأن السلوك السوي وغير السوي يخضعان للقوانين نفسها، فقد يكون المعلم أو الاقران هما المعززان للسلوك غير المرغوب فيه.

وما يميز السلوك السوي عن السلوك غير السوي هو شدة السلوك أو معدل حدوثه، كأن يكون أقل بكثير مما هو مطلوب، أو إنه لا يحدث بالمرة، وإن معدل حدوثه أكثر بكثير مما هو متوقع، أو أنه يمكن من خلال ذلك التحليل الدقيق اختيار بعض الطرق البسيطة الكفيلة لضبط المتغيرات المسببة لذلك السلوك غير المرغوب به.

أما اذا تطلب الأمر برنامجاً نظامياً دقيقاً فلا بد من الخطوات الآتية:

1- تحديد الأهداف السلوكية:

بعد أن يصل المهتمون بالطفل إلى قناعة بضرورة التدخل العلاجي لتغيير السلوك المستهدف لتأثيره السلبي في الفرد نفسه بجانبيه الاكاديمي وغير الاكاديمي أو على المعلمين والأقران كذلك. وإنه بلا تدخل سيأخذ سلوك الفرد بالتدهور الأمر الذي يتطلب برنامجاً نظامياً. وتعد الأهداف السلوكية الخطوة الأولى في برنامج تعديل السلوك لتحدد بدقة ما هو السلوك المطلوب تقليله أو ايقافه أو تعزيزه. إن تحديد الأهداف السلوكية لا يتطلب فقط الأهداف القصيرة المدى والبعيدة المدى، وإنما يجب أن يحدد السلوك المستهدف بدقة، بعيدا عن الغموض والتعميم ليساعد

ذلك على وضع الخطة. فعندما نقول أن الهدف هو (أن يتصرف الفرد تصرفاً صحيحاً) فهذا يتطلب تحليله إلى مكوناته الجزئية مثل الجلوس بمقعده بهدوء خلال فترة الدرس، الانتباه الى المعلم خلال فترة معينة، عدم مقاطعة المعلم، وعدم الاعتداء على أقرانه، وإذا كانت المشكلة في الكلام نحددها أولا هل هي اضطراب في النطق أو الصوت أو الطلاقة فإذا كانت المشكلة اضطرابا في النطق، فأي نوع، هل هو إبدال أو حذف، أو تشويه أو إضافة ، وإذا كانت المشكلة اضطراب في الصوت فهل هو في طبقة الصوت أو نوعيته أو شدته أو رنينه ،وإذا كانت المشكلة في الطلاقة، فهل هي التكرار أو التوقف أو التكرار والتوقف.

وقد يتطلب الأمر أن يكون العلاج تدريجياً فمثلاً إذا كان الهدف هو أن يبقى التلميذ هادئاً في مقعده خلال فترة الدرس، فيمكن أن نبدأ بخمس دقائق فعشر دقائق ثم خمس عشرة دقيقة وبعدها عشرون دقيقة وهكذا إلى أن نصل إلى السلوك المستهدف. قد يضع المدرس الأهداف السلوكية لوحده، أو بمشاركة مدرسين آخرين، أو قد يشترك مع المشرف التربوي (إذا توفر في المدرسة) أو مع الطفل أو ولي أمره في ذلك. يقول أوبتن (Upton, 1983) في هذا الصدد انه يمكن للمدرس أن يشترك مع الأطفال الكبار أو البالغين في وضع الأهداف السلوكية. وهذا التخطيط قد يعطي دفعاً قوياً لنجاح البرنامج.

2- ترتيب المشكلات حسب الأهمية:

إن ترتيب المشكلات حسب أهميتها وأولويتها ضروري لتحقيق النتائج السليمة التي تجنبنا مضيعة الوقت، والسير في الطريق الصحيح. فالمشكلة التي تؤثر في سير الدرس أولى بالبدء فيها من الأخرى التي يكون تأثيرها مقتصراً في الفرد ذاته. فمثلاً الصراخ أو الأصوات العالية او مقاطعة التلميذ للمعلم باستمرار خلال سير الدرس أولى بالمعالجة من مشكلة الانزواء وعدم التفاعل مع الآخرين،

لأن تأثير الأولى أكثر في سير الدرس من الثانية والمشكلة المشتركة أولى بالمعالجة من المشكلة الفردية لأن ذلك ينعكس على ناتج العملية التعليمية، أفضل مما لو كان العلاج فردياً، فضلاً عن مردوده الاقتصادي، كما أن برامج تعديل السلوك تتميز كذلك بوجود إمكانية العلاج الجماعي من خلال برنامج معين.

والمشكلة التي فيها ايذاء للذات، أو ايذاء للآخرين أولى بالبدء من تلك التي ليس لها ذلك الأثر، فمثلاً الاعتداء على الآخرين أولى بالمعالجة من عدم الانتباه للدرس. والمشكلة التي تؤثر في تواصله وتكيفه الاجتماعي كإضطراب النطق أو الصوت أولى بالمعالجة من المشكلات الأخرى التي لا تؤثر في تواصله وتكيفه.

والمشكلة التي يكون لها تاثير سلبي في بقية المشكلات أولى بالمعالجة من المشكلات الأخرى التي ليس لها ذلك التأثير. فالخروج من المقعد أولى بالمعالجة من مشكلة عدم الانتباه لما للأول من تأثير سلبي في إحداث الفوضى وأشكال العدوانية.

كما أن المشكلة التي يسهل علاجها أولى بالمعالجة من المشكلة التي تحتاج إلى خطة معقدة، وخاصة اذا كان العلاج في إطار الصف.

وقد تكون الظروف المكانية أدعى لعلاج مشكلة ما دون أخرى فالسرحان أنسب للمعالجة في إطار الصف، بينما يكون التبول اللاإرادي أنسب للمعالجة في البيت.

ومن ناحية أخرى فإن أدبيات الموضوع تشير إلى ضرورة مشورة أولياء الأمور في معالجة ابنائهم، وخاصة تلك المشكلات التي تحدث في البيت والمدرسة، وقد يؤخذ بنظر الاعتبار المشكلة التي يختارها أولياء الأمور أو الأشخاص المقربون من الطفل.

أما المعالج فقد يختار المشكلة التي تنطبق عليها أكبر عدد من المتغيرات السابقة.

3- عمل خط الأساس (Baseline) :

يتميز المدخل السلوكي عن بقية النظريات التقليدية لعلم النفس، بأن القياس يتعلق بالمشكلة المراد قياسها، دون التطرق إلى عموميات، كما هو الحال بالنسبة للمعالج التقليدي. كما أن طريقة العلاج لا تعتمد على قياس المشكلة لأنه جزء منها، كما إن القياس مستمر في جميع مراحل العلاج، بينما يعتمد العلاج وفق النظريات التقليدية لعلم النفس على نتائج القياس.

وخط الأساس هو الملاحظة الدقيقة للسلوك خلال فترة معينة لقياس أمثلة من السلوك المستهدف. على سبيل المثال لو أردنا عمل خط أساس لمشكلة التأتأة فأننا نستخرج النسبة المئوية من خلال عدد الكلمات التي تأتأ فيها مقسوما على المجموع الكلي للكلمات مضروبا بمائة . ويمكن أعادة ذلك في أوقات مختلفة كالصباح والظهيرة والمساء ، وفي أماكن مختلفة كالبيت والصف وفي فناء المدرسة، وبعد ذلك نستخرج الوسط الحسابي . وتعد هذه المرحلة الأساس الذي يحدد السلوك المستهدف بشكل علمي دقيق، والتي تساعدنا على معرفة فاعلية البرنامج العلاجي، أما الوقت الذي يستغرقه خط الأساس فيعتمد بشكل أساسي على طبيعة المشكلة السلوكية التي تحدد الفترة المطلوبة للقياس كأن تكون على سبيل المثال يوم أو عدة أيام أو أسبوع أو اسبوعان أو أكثر.

طرق قياس السلوك [1]

إن تعدد المشاكل السلوكية أدى إلى تعدد طرق القياس والتي تعتمد بشكل رئيسي ــ على طبيعـة المشكلة السلوكية من حيث شدتها وتكرارها وفترتها الزمنية. لذلك قد تكون طريقـة قيـاس معينة أنسـب لمشكلة دون غيرها. وفيما يلي عرض لبعض طرق القياس:

(أ) تسجيل تكرار السلوك (Frequency Recording) :

وهي أكثر الطرق شيوعاً لقياس السلوك غير المرغوب فيه، والتي تعتمد على تسجيل عدد المـرات التي يحدث فيها ذلك السلوك. إن هـذه الطريقـة قـد تكـون أنسـب مـن غيرهـا لقياس السلوكات ذات التكرارية القليلة، كالاعتداء على الآخرين، لكنها لا تكون كذلك لقياس السلوك الـذي يستمر فـترة زمنيـة طويلة كالبكاء، لأنها لا تهتم بشدة أو مدة السلوك. تتميز هذه الطريقة بأنها يمكن للمعلم أن يستخدمها داخل إطار الصف دون أن يعرف التلاميذ المستهدفون، ويحصل على معلومات دقيقة على حجم المشكلة من خلال بعض الأساليب الفنية، والتي من شأنها أن تجعل سلوك الأطفال عادياً لا يتأثر بمثيرات دخيلة.

(ب) تسجيل العينة الزمنية (Time Sampling Recording) :

هي ملاحظة حدوث أو عدم حدوث السلوك خلال عينات زمنية، إذ يقوم الملاحظ بتقسيم فـترة الملاحظة الكلية إلى فواصل زمنية متساوية تماماً، كأن تكون كل خمس دقـائق 5، 10، 15، 20، 25، 30، 35، 40، فمثلاً عند ملاحظة استقرار أو عدم استقرار التلميـذ في مقعـده، يقـاس السلوك في الدقيقـة الخامسـة فالعاشرة ثم الخامسة عشرة.. وهكذا.

---

[1] انظر:

(Poteet, 1974, PP 13-15), (Harrop, 1983, PP 52-60), (Upton, 1983, PP 69-71).

إن هذه الطريقة تكون مناسبة للسلوك ذي المعدل العالي، لأن السلوك ذا المعدل المنخفض قد لا يحدث أثناء فترة الملاحظة. كذلك إنها مناسبة للسلوك الذي يستمر لفترة زمنية طويلة.

(ج) تسجيل مدة حدوث السلوك (Duration Recording) :

هي الطريقة التي تهتم بملاحظة مدة حدوث السلوك هل هي طويلة أو قصيرة؟ على سبيل المثال المدة التي يقضيها التلميذ خارج مقعده، أو فترة بكاء الطفل عند وضعه في سريره.

ويمكن استخراج نسبة حدوث المشكلة اثناء فترة الملاحظة، فإذا كانت فترة الملاحظة (30) دقيقة، واستمرت المشكلة خلال الملاحظة (15) دقيقة فان نسبة حدوث المشكلة هي:

$$100 \times \frac{\text{مدة السلوك}}{\text{مدة الملاحظة}}$$

$$\%50 = 100 \times \frac{15}{30}$$

(د) تسجيل الفواصل الزمنية (Interval Recording) :

وهي طريقة لقياس السلوك تعتمد على تقسيم فترة الملاحظة إلى أجزاء متساوية من الوقت الكلي. كأن تؤخذ (10) ثوان من كل دقيقة لتسجيل السلوك المستهدف، أما بقية (50) ثانية فلا يكون فيها تسجيل. ويكون الوقت الكلي على سبيل المثال (10) دقائق أو اكثر.

والشكل التالي يوضح ذلك

شكل (1)

يوضح طريقة تسجيل الفواصل الزمنية

(10) ثوان	(10) ثوان	(10) ثوان	(10) ثوان	(10) ثوان	(10) ثوان	(10) ثوان	(10) ثوان	(10) ثوان	(10) ثوان
11	11	1	11	11		11	1	1	1
10	9	8	7	6	5	4	3	2	1

كل رقم يمثل (10) ثوان من الدقيقة لفترة ملاحظة كلية (10) دقائق.

4- تحديد المعززات:

يتوقف نجاح برنامج تعديل السلوك على مدى استخدام المعززات بشكل مناسب وفق المتغيرات المختلفة. والمعززات كثيرة ومتنوعة، ولا يمكن الركون إلى استخدام نوع واحد منها، ما دام هناك استحالة لتطابق فردين، فكل فرد كائن بذاته لا يمكن أن يطابقه آخر، ولكن قد يقترب منه أو يشابهه، لذلك لا يمكن أن يكون هناك معزز ما واحداً من حيث التأثير على جميع الأفراد. فقد يكون المعزز فاعلاً مع (س) من التلاميذ، لكنه أقل فاعلية مع (ص) وغير فاعل مع (ع)، وقد تكون المعززات الأولية (كالطعام والشراب) فاعلة مع التلاميذ الفقراء، ولكنها أقل فاعلية مع أقرانهم الأغنياء. وقد يكون المدح وابداء العطف والحنان أكثر فاعلية مع التلميذ الذي يشعر بالحرمان العاطفي من الوالدين من التلميذ الذي يلقى حباً كافياً في البيت.

إن الذي يقرر ايجابية المعزز بالدرجة الأولى هو الطفل الذي يستخدم معه فمثلاً المدح يستخدم بشكل كبير جدا مع الأطفال، لكنه قد لا يكون معززاً ايجابياً

لجميع الأطفال على الاطلاق فربما يكون غير ذلك عند بعض الأطفال الخجولين، أو عندما يصدر من شخص يكرهه الطفل حتى ولو كان المعلم.

وعند الحديث عن المعززات، فإنما يقصد بها المعززات المشروطة بالاستجابة المطلوبة، أو تلك التي تستخدم لغرض تعديل السلوك. لأن المعززات على قسمين سواءاً كانت ايجابية أو سلبية وهي المعززات الداخلية والمعززات الخارجية. ويطلق على التعزيز داخلياً أو ذاتياً عندما يكون السلوك المدعم معززاً بنفسه أو بذاته أي أن الاستجابة ذاتها مصدر الفرح والاطمئنان، ويعزز بشكل آلي في كل مرة يحدث مثل الشرب عند العطش، الأكل عند الجوع، كما يعتبر كل ما يكون غاية في ذاته معززاً داخلياً كالاستماع الى الموسيقى أو الانشغال بالرسم. أما المعززات الخارجية فهي ليست جزءاً من السلوك، وإنما تعزز نتائجها سواء كان التعزيز ايجابياً أم سلبياً، فليست المكافأة المادية أو المدح جزء من السلوك.

تكون المعززات إحدى الانواع الآتية:

(أ) المعززات الاجتماعية (Social Reinforcement) :

وهي مثيرات طبيعية كثيرة ومتنوعة يمكن تقديمها باستمرار بعد السلوك المطلوب تعزيزه، ويتميز بفورية التقديم، ومن هذه المعززات المدح، الثناء، التشجيع، الربت على الظهر، اللعب بالشعر، نظرات الاعجاب، حضن الطفل، تقبيل الطفل، الايماء بالرأس تعبيراً عن الرضا والقبول، تلاقي العيون، الغضب، عدم الاحترام، عدم القبول، الابتسام، العناق، النبرات الهادئة للأصوات، وغيرها كثير، تتسم بأنها اقتصادية لا تكلف شيئاً، كما أن تنوعها يساعد على استخدامها لفترة طويلة دون أن تصل إلى حالة الإشباع كما هو الحال بالنسبة للمعززات الأخرى. فلو استخدمنا التشجيع مثلا يمكن استخدام ألفاظ كثيرة كممتاز، فاخر، رائع، عظيم، المعي، عبقري وهكذا.

وقد حققت دراسات كثيرة استخدمت التعزيز الاجتماعي نتائج ايجابية، ومن الأمثلة على ذلك ألين وآخرون (Allen and others 1964) بيكر ومادسن وارنولد وتوماس (Becker, Madson, Arnold and thomas, 1969) باركروفت (Barcroft, 1970) برودن (Broden, 1970) كيتنجر (Gettinger, 1983) وقد ذكر اكسلرود (Axelrod, 1983) عدداً من التجارب السلوكية، كان من ضمنها دراسة لمعالجة خروج مجموعة من التلاميذ من مقاعدهم. فبعد ملاحظة التلاميذ، وتحديد نموذج سلوكهم، وقياسه، وجد معدل الوقت الذي يقضيه هؤلاء التلاميذ في مقاعدهم هو (63%) من مجموع وقت الدرس. استخدم التعزيز الموجب لأطفال السلوك غير المرغوب فيه (الخروج من المقعد) وذلك بإعطاء التلميذ الذي سيبقى جالساً في مقعده خلال فترة زمنية معينة بطاقة مكتوب عليها جيد، ثم الثناء عليه مع تجاهل الآخرين الذين يخرجون من مقاعدهم. ونتيجة لهذا الاجراء العلاجي قلت مشكلة الخروج من المقعد بنسبة (25%) حيث أصبحت الفترة التي يقضونها في مقاعدهم (88%) من وقت الدرس بعد ان كانت (63%) قبل التدخل العلاجي، توقف التعزيز في مرحلة خط الأساس الثاني، فرجعت مشكلة الخروج من المقعد إلى ما كانت عليه قبل التدخل العلاجي، حيث أصبح الوقت الذي يقضيه التلاميذ في مقاعدهم (61%) من وقت الدرس، مما يشير إلى فاعلية اجراء التعزيز.

بعدها اعيد تطبيق البرنامج ثانية، وذلك بإعطاء التلاميذ بطاقة مكتوب عليها كلمة جيد والثناء اللفظي. قلت مشكلة الخروج من المقعد ثانية، وارتفع معدل جلوس التلاميذ في مقاعدهم ليصل إلى (87%) من وقت الدرس. وبعد مرور ستة وعشرين يوماً، بدأ المعلم بتخفيف التعزيز على مدى أربع مراحل متتابعة أشار اليها (أ، ب، ج، د) فبعد أن كان التعزيز ست مرات يومياً، أصبح في مرحلة (أ) لثلاث مرات يومياً. وقد لوحظ أنه بالرغم من تقليل كمية التعزيز، فإن سلوك التلاميذ المتمثل بالجلوس في المقعد قد ارتفع الى (92%) ثم أصبح التعزيز في

مرحلة (ب) مرتين يومياً لوحظ مرة أخرى ارتفاع معدل جلوس التلاميذ في مقاعدهم ليصل الى (95%) وفي مرحلة (ج) كافأ المعلم السلوك المستهدف مرة واحدة في اليوم، مما كانت نتيجته بقاء معدل جلوس التلاميذ في مقاعدهم على ما كان عليه في المرحلة السابقة وهو (95%).

توقف المعلم تماماً بعد انتهاء مرحلة (ج) عن تعزيز السلوك المستهدف مبتدئاً بما سماه بالمرحلة (د) لوحظ استمرار المعدل العام لجلوس التلاميذ في مقاعدهم على حالة السابق.

(ب) المعززات المادية (Tangible Reinforcers) :

وتشمل أنواع متعددة من المعززات التي يرغبها الأطفال كاللعب بأنواعها (كالسيارة، الطيارة، الدبابة، الرشاشة، المسدس) الأقلام بأنواعها (كقلم الحبر، الجاف، الرصاص، أقلام زيتية.. الخ) الصور بأنواعها (كصور الأماكن المشهورة، المتاحف، المصانع، أو صور لأشخاص مشهورين إلى غيرها) المفكرات، الحلى، شهادة تقدير، تذاكر دخول سينما، مسرح، حديقة، نادي.

أو قد تأخذ شكل معززات رمزية (Token Reinforcers) كالنجوم أو النقاط أو الدرجات أو الكوبونات وغيرها والتي يحصل عليها التلاميذ خلال تأديتهم السلوك المستهدف، والتي يمكن استبدالها بما يرغب كاللعب والاطعمة والاشربة والملابس وغيرها.

وهناك من يعترض على هذا النوع من التعزيز وعدة رشوة، وستناقش هذه النقطة في الانتقادات التي وجهت لتعديل السلوك.

لقد استخدمت المعززات المادية والرمزية بشكل كبير في مجال تعديل السلوك وحققت نتائج ايجابية. ومن الأمثلة على ذلك دراسة أوليري وبيكر

(O'leary and Becker, 1976) ابلتـون (Appleton, 1977) امـيرز وايتجسـون (Eimers and Aitchiston, 1977) أبرامس (Abrams, 1979) ومن الدراسات العربية التي اجريت في هذا المجال دراسـة صـايغ وعمـر (1983) من السودان حيث استخدم الباحثان التعزيز الرمزي خـلال لعبـة السـلوك الجيـد لأطفـال الصـف الثاني الابتدائي في محافظة الجزيرة، حيث حددت السلوكيات غير المقبولـة، كالعـدوان والتخريـب والـرفس، والضرب، والدفع، وشد الشعر، والازعـاج اللفظـي كالغنـاء والتصـفير والتحـدث بـدون إذن، والخـروج مـن المقعد. استخدم الباحثان الملاحظة الصفية من خلال عاملتين ومعلمة واحدة بعد تدريبهم على ذلك. قـدم الباحثان استبياناً للتلاميذ لمعرفة الاشياء التي يحبونها، وقد اقتصرت قائمة المعززات على الأشياء غير المكلفة مثل شارات النصر، النجوم، شهادات تقدير ترسل الى والدي الطفل، فترات اسـتراحة اضـافية، ولوحـة كتـب عليها اسماء التلاميذ الفائزين. قسم الباحثان الصف الى قسـمين كـل قسـم يحتـوي عـلى خمـس تلميـذات وخمسة تلاميذ. في مرحلة العلاج الأولى (لعبـة السـلوك) اخـبرت المعلمـة الفـريقين بـأنهما سـيلعبان لعبـة السلوك الجيد، واخبرتهم أن أي مخالفة للتعليمات سـتؤدي إلى تسـجيل نقطـة، وقالـت انهـا سـتذكر اسـم الطفل الذي خالف التعليمات، وستذكر سلوكه غير المقبول، ثم اخبرتهم أنها سـتجمع النقـاط التـي يحصـل عليها كل فريق يوميا، وإن الفريق الذي يحصل على نقاط أقل هو الفائز.

استمر العلاج اسبوعين حيـث ظهـر تغـير كبـير في سـلوك التلاميـذ، في الاسـبوع الثالـث توقفـت المعلمة عن استخدام لعبة السلوك الجيد وكانت النتيجة هي ازدياد السلوكات غير المرغوبة.

في الأسبوع الرابع عادت المعلمة واستخدمت لعبة السلوك الجيد (مرحلة العلاج الثانية) وأدى ذلك الى تغير كبير في سلوكات التلاميذ غير المرغوبة مما يشير الى فاعلية الاسلوب المستخدم في التغيير.

(ج) المعززات الغذائية (Edible Reinforcers) :

تشمل هذه المعززات كل أنواع الأطعمة والأشربة وقد استخدمت بشكل كبير جداً مع الأطفال الصغار والمعاقين عقلياً.

وقد يكون تجاوب الأطفال الصغار للمعززات الغذائية أكثر مقارنة بالأطفال الكبار، لأنهم اكثر حاجة الى الغذاء (الطعام والشراب) للنمو، كما أن ميولهم ورغباتهم ونشاطاتهم محدودة قياساً بالأطفال الكبار، لذلك قد يكون تجاوبهم مع المعززات الغذائية أكثر من الأطفال الكبار.

كذلك الحال بالنسبة للمعاقين عقلياً فإنه نتيجة لقدراتهم العقلية المحدودة تكون ميولهم ورغباتهم ونشاطاتهم أقل من العاديين. الأمر الذي يجعلهم اكثر تجاوبا مع المعززات الغذائية.

هذا من جهة ومن جهة أخرى فإن تعليم الأطفال الصغار والمعاقين عقلياً في إطار الصف يتسم بالتعليم الفردي الذي يفسح المجال أمام المعلمين باستخدام هذا النوع من المعززات الذي قد يتعذر استخدامه في المراحل المتقدمة لأنه يعرقل سير الدرس، إلا اذا استخدم في اطار التعزيز الرمزي، لأنه من العوامل التي تجعل التعزيز فاعلاً هو فورية تسليم المعزز.

إن المشكلة الأساسية التي تواجه مثل هذه المعززات هي الإشباع وبشكل خاص عندما يستخدم نوع واحد من الطعام أو الشراب لذلك قد يكون تنوع الأطعمة والأشربة يحول دون ذلك.

ومن الدراسات التي استخدمت المعززات الغذائية دراسة هويت (Hewett, 1968) التي توصلت الى استنتاج بأن تلاميذ المستوى الاقتصادي والاجتماعي المنخفض يتجاوبون مع المعززات الغذائية أكثر من تلاميذ المستوى الاقتصادي والاجتماعي العالي.

وقام ماتسون وآخرون (Matson and others, 1982) بعلاج طفل في العاشرة من عمره يعاني اكتئاباً حاداً، أدى إلى حجزه في المستشفى بسبب محاولته الانتحار، كان الطفل ذا ذكاء متوسط، وذا تاريخ تميز بنوبات من الغضب والعنف، وتدهور الأداء المدرسي، وصنف عند تطبيق المقاييس النفسية من الناحية الاكلينكية في فئة الاكتئاب، استخدام في العلاج التعزيز الموجب كلما أظهر سلوكاً مقبولاً وابتعد عن الأوضاع البدنية غير الملائمة كتغطية وجهة بيده والالتفات بعيداً عمن حوله، وعدم الاحتكاك البصري، كما طلب من الطفل أن يقوم بلعب بعض الأدوار التي تحتاج إلى تدريبات حركية للجسم بما فيها استخدام الإشارات والاحتكاك البصري. وفي نهاية كل جلسة كان المعالج يمد الطفل بالتشجيع أو بعض التدعيمات الملموسة (كالحلوى والمشروبات) لتعاونه على تنفيذ البرنامج بغض النظر عن نجاحه في تنفيذ أهداف الجلسة، أظهرت النتائج تحسناً واضحاً في حالة الطفل حيث عولج القصور في السلوك الاجتماعي.

(د) المعززات النشاطية (Activity Reinforcers) :

وهي نشاطات مرغوبة من التلاميذ، وتكون مرهونة بتأدية السلوك المستهدف، وهي أنواع كثيرة منها الرسم، العزف على آلة موسيقية، اللعب مع من يحب، مشاهدة التلفزيون والفيديو، أفلام كارتون، ألعاب رياضية، الاشتراك في المجلة المدرسية، الذهاب الى المسرح، حديقة ألعاب، سينما، المشاركة في الحفلات

المدرسية، دق جرس المدرسة، مشاركة المعلمة في جميع وتوزيع الكتب والـدفاتر، مراقبـة الصـف ومـا إلى ذلك.

ومن الدراسات التي استخدمت هذا النوع من المعززات دراسة جونستون ومكلافلين (Johnston and Mclaughlin, 1982) اللذين استخدما معزز (الوقت الحر) لتحسين تلميذه في الصف الثاني الابتدائي في مادة الحساب. كان عمرها سبع سنوات.

اتبعت في طريقة العلاج زيادة المعزز (الوقت الحر) بشكل تـدريجي ابتـداءاً مـن متوسـط الأداء اثناء مرحلة خط الأساس وانتهاءاً بالسلوك المستهدف. في مرحلة خط الأسـاس بـدأت المعلمـة بحـل مثال للتلميذة، وطلبت منها الإجابة على أكبر عدد ممكن من الأسئلة المطلوبة خلال الحصة، ثم قامت بفحص الاجابات واعادتها للتلميذة. استمرت هـذه المرحلـة عشرة ايام وذلـك لتحديـد مسـتوى أداء التلميذة في الظروف التقليدية.

في مرحلة العلاج طلب من التلميذة حل الاسئلة خلال الدرس، وسوف يسمح لها بمغادرة الصـف حال انتهائها من ذلك، أما إذا لم تجب عن جميع الأسئلة، فإنها ستبقى في الصف إلى أن تنتهي من ذلك.

اسفرت النتائج عن زيادة متوسط الأداء في مرحلة العلاج بشكل تـدريجي خـلال مـدة خمسـين يوماً دراسياً. وقد توبعت التلميذة بعد فترة العلاج حيث جمعت معلومـات في اليـوم الخـامس، والخـامس عشر والخامس والعشرين بعد التوقف في المعالجة. وتبين أن التحسن استمر حتى بعد مرحلة التوقف.

اختيار المعززات:

توجد طريقتان لاختيار المعزز وهي:

(أ) إن نعرض للأطفال مجموعة محددة من المعززات التي يعتقد المعلم بأنها فاعلة. يكون ذلك بـالاعتماد على ملاحظات المعلم السابقة ولما يعتقد من معززات يفضلونها.

(ب) هو أن نسمح لكل طفل أن يختار المثيرات والحوافز المفضلة له من مجموعة المعززات المتوفرة.

ولكل طريقة مزاياها ومساوئها، فالطريقة الأولى أكثر مناسبة للمدرسة ولكنها قد لا تكون بقيمة واحدة لجميع التلاميذ مما تؤثر في فاعلية التعزيز بينما تأخذ الطريقة الثانية بنظر الاعتبار الفروق الفردية بين التلاميذ، ولكنها محدودة الاستخدام لأنها تحتاج إلى تخطيط. ووقت طويل بالنسبة للمدرس، لذلك قـد تكون أقل تلاؤماً للتطبيق في إطار الصف.

ويجدر الإشارة في هذا المجال، بأنه لابد من مد الجسور بين البيت والمدرسة لكي يتعاونا معا مـن أجل تحقيق الأهداف. وقد جسدت إحدى الدراسات التي اجريت على طفل في الحادية عشرة مـن عمـره ذلك، حيث كان يعاني من صعوبات في التعلم، وعدم الاهتمام بأداء الواجبات المدرسية.

قد وضع المعالجان والمعلم جدول مكافآت يحصل التلميذ من خلاله على نقـاط (رمـوز) توقعـه المعلمة في نهاية اليوم، وترسله إلى الوالدين ليتحول إلى مدعمات (معززات) اميـرز وأيتجسـتون. (Eimers and Aitchiston, 1977)

5- مرحلة التدخل:

وهي مرحلة تطبيق أساليب تعديل السلوك التي يفترض اختيارها بشكل موضوعي وعلمي بحيث تتلاءم مع المشكلة المراد معالجتها ، وعمر الفرد الزمني والعقلي وسماته الشخصية والمتغيرات البيئية التي يجري التطبيق فيها .

يتطلب برنامج تعديل السلوك دقة في التنفيذ، وخاصة عندما يطبق مع تلميذ واحد، أو عدد محدود من التلاميذ، لأنه قد يكون له تأثير سلبي في بقية التلاميذ الذين لم يجر تعزيزهم. إذ لابد أن يكون التدخل لغرض البناء وليس البناء والهدم.

كما يجري التأكيد على المشكلة أو المشكلات التي صممت التجربة من أجلها. كما يفترض اختيار الأسلوب المناسب مع التلميذ أو التلاميذ المستهدفين وطبيعة المشكلة.

يتوقف نجاح برنامج تعديل السلوك، إضافة الى ما ذكر، على التزام المعلمين وتعاون الإدارة. وقد يمكن القول في هذا الصدد، إن تطبيق البرنامج خلال معلم واحد أكثر عملياً من مجموعة معلمين. كما يتطلب البرنامج المواد والمصادر اللازمة وخاصة عند استخدام التعزيز المادي. ويفترض ان تكون المعززات مناسبة لأعمار التلاميذ والظروف البيئية.

يرى كيرنون (Kiernon, 1974) إن المعزز الجيد هو الذي يتصف بما يأتي:

(أ) سهل التسليم والسحب.

(ب) يسلم مباشرة بعد الاستجابة المطلوبة.

(ج) أن لا يكون سريع الاشباع.

(د) لا يؤثر في السلوكات الجيدة.

(هـ) قابل للاستخدام في مواطن عديدة مع أكبر عدد ممكن من التلاميذ.

وقد يصعب في بعض الأحيان تسليم المعزز مباشرة بعد السلوك المستهدف داخل الصف وخاصة المعززات المادية والغذائية لأنه يعرقل سير العملية التعليمية. ولكن قد يشار إلى ذلك خلال وجوده في الصف، ويجرى التسليم بعد الانتهاء من الدرس.

ولا يتوقف نجاح البرنامج على اختيار المعزز فحسب بل على كيفية تعزيزه كذلك، إذ يتطلب اتباع اسلوب معين من التعزيز لتحقيق الاستجابة المطلوبة واستقرارها.

وهناك أنواع من التعزيز تسمى بجداول التعزيز (Schedules of Rienforcement) * نذكر منها:

(أ) التعزيز المتواصل (Continuous Reinforcement) :

يتلخص هذا النوع من التعزيز بأن التلميذ يعزز في كل مرة يبدي فيها الاستجابة المطلوبة. وقد يكون هذا النوع من التعزيز فاعلاً في المراحل الأولى، لكنه قد يؤدي إلى حالة الإشباع، وخاصة اذا كانت المعززات محددة، مما تفقد قيمتها التعزيزية. كما قد يكون التعزيز المتواصل متعباً ومجهداً اضافة إلى أنه مكلف وخاصة اذا كان مادياً. ولاستمرارية الاستجابة المطلوبة يفترض عدم التوقف المفاجئ والسريع عن التعزيز، وإنما يجب أن يكون التقليل تدريجياً، أو قد تنتقل من التعزيز المادي إلى التعزيز الإجتماعي ثم يصار الى تقليل الثاني تدريجياً.

* (Poteet, 1974), (Axelred, 1983), (Walker and Shea, 1984).

(ب) التعزيز المتقطع   (Intermittant Reinforcement) :

ويتلخص بأن لا يعزز التلميذ بعد كل استجابة مطلوبة بشكل متواصل، وإنما يكون التعزيز بشكل متقطع حسب الزمن أو عدد الاستجابات المستهدفة. وتعد هذه الطريقة الأفضل في المحافظة على استمرارية السلوك. يقول دايفيدوف(1992) في هذا الصدد أن المزج بين التعزيز المتواصل والمتقطع مرغوباً فيه بدرجات عالية بالنسبة لتعليم الأفراد السلوك الاجرائي بحيث يكون مستمراً في البداية، ثم متقطعاً بمجرد استقرار الاستجابة المطلوب تعلمها.

إن التعزيز المتقطع لا يعني التعزيز العشوائي وقد يكون أحد الأنواع الآتية:

1- جدول النسبة الثابتة (Fixed Ratio Schedule) :

وهو أن يعزز سلوك التلميذ المرغوب فيه إذا تلاءم عدد حدوثه مع العدد الموضوع لمكافأته. كأن يحدد المعلم مكافأة التلميذ كل خمس مرات يبدي فيها التلميذ الاستجابة المطلوبة.

وقد يكون هذا التعزيز مناسباً للسلوك ذي التكرار العالي.

2- جدول الفترة الزمنية الثابتة (Fixed Interval Schedule) :

وهو أن يعزز سلوك التلميذ بعد انتهاء فترة محددة من الزمن. كأن تكون دقائق أو ساعات، تحدث الاستجابة المطلوبة خلالها، ثم يجري تعزيزه بعد انقضاء الفترة الزمنية. على سبيل المثال في مشكلة الخروج من المقعد يعزز التلميذ كل خمس دقائق أو سبع دقائق يبقى في مقعده. قد تكون الاستجابة في بداية الوقت لهذا النوع من التعزيز ضئيلة، لكنها تزداد في نهاية الوقت المحدد.

3- جدول تعزيز متغيرة الفترة الزمنية (Variable Interval Schedule) :

يحدث التعزيز وفق هذا الجدول بفترات زمنية غير ثابتة، لكنها تتراوح حـول معـدل معـين. فلـو أردنا تعزيز انتباه التلميذ إلى الدرس، يقوم المعلم بتعزيزه بعد اربع دقائق مرة، وسـبع دقـائق مـرة أخـرى ثم عشر دقائق مرة أخرى ثم خمس دقائق. وهكذا.

4- جدول تعزيز النسبة المتغيرة (Variable Ratio Schedule) :

وهو أن يعزز التلميذ على أساس معدل الاستجابات المطلوبة كأن يعزز التلميذ بعد أداء خمـس استجابات صحيحة في المرة الأولى، وسبع استجابات صحيحة في المرة الثانيـة، فـأربع استجابات صـحيحة في المرة الثالثة، ثم بعد ست استجابات في المرة الرابعة.. وهكذا. ولكنها تتمحور حول معدل معين. إن التعزيز وفق هذا النوع يجعل التلميذ لا يستطيع التنبؤ بموعد التعزيز.

وهناك عوامل تؤثر في فاعلية التعزيز:

- أن يكون التعزيز متوقفاً على حدوث السلوك المرغوب فيه فقط: فحدوثه اعـتماداً عـلى مسـببات أخـرى سيقلل من كفاءته وفي تمكننا من التحكم بذلك السلوك. فمثلاً في مشكلة عدم التفاعل مع الآخرين.

يعزز التلميذ عند تفاعله مع اقرانه، لأن استخدام التعزيز لسلوكات أخرى قد تقلل من فاعليته.

- يجب أن يكون المعزز محبوباً ومرغوباً فيه من قبل التلميذ: أي أن تكون له قيمة بنظره وليس للآخرين كالمعلم أو المعالج أو غيره.

- فورية التعزيز: فكلما كان التعزيز فورياً بعد الاستجابة الصحيحة كلـما كـان فـاعلاً في التـأثير. إن تقـديم المعزز بعد الاستجابة المطلوبة مباشرة له وقع قوي على

النفس، مما يزيد من احتمالية تكرار الاستجابة المستهدفة. وقد لا يكون في بعض الأحيان مناسباً تقديم المعزز مباشرة بعد الاستجابة المطلوبة، وخاصة المعززات الغذائية والمادية عند تطبيق برنامج تعديل السلوك في اطار المؤسسات التعليمية. ولكن يمكن في هذا الحال اعطاء معززات رمزية يمكن استبدالها في وقت لاحق.

- انتظام التعزيز: يتميز تعديل السلوك بالدقة والمنهجية بعيداً عن العشوائية والتجريب. فقبل البدء بالبرنامج العلاجي يحدد بانتظام كيفية التعزيز، والطريقة المناسبة لواقع الحال، لأن استخدام التعزيز بشكل منظم له فاعليته في تغيير السلوك. فقد نلجأ الى التعزيز المتواصل لتحقيق الاستجابة المطلوبة، وبعد استقرار الاستجابة ننتقل الى التعزيز المتقطع.

- كمية التعزيز: فكلما ازدادت كمية التعزيز إزدادت فاعلية التعزيز فابتسامه ومدح أكثر فاعلية من ابتسامة فقط، وابتسامة ومدح وربت على الظهر أكثر فاعلية من الابتسام والمدح فقط.

كما تكون من ناحية أخرى قطعتان من الحلوى أكثر فاعلية من قطعة واحدة. ولابد من الإشارة الى أن كمية التعزيز يعتمد بشكل أساسي على نوع المعزز الذي يستخدم.

- التنويع: إن استخدام معززات متنوعة أكثر فاعلية من استخدام معزز واحد، لأن استخدام معزز واحد بشكل مستمر يدعو إلى الإشباع مما تقل فاعليته.

6- مراقبة التقدم:

تعد المراقبة المستمرة لمعرفة التقدم الذي حدث في تغيير السلوك سمة من سمات برامج تعديل السلوك. وهذا يتطلب تسجيل السلوك أو السلوكات المستهدفة

لمعرفة التغيير الذي حصل من جراء تطبيق البرنامج مـن خـلال مقارنتهـا بخـط الأسـاس (Baseline) . وإن هذا قد يساعد في بعض الأحيان في تغيير أو تعديل طريقـة العـلاج، بحيـث تكـون أكـثر فاعليـة في تعـديل السلوك.

المراجــع

- Abrams, M. Andrw (1979). The efficacy of behaviour modification with emotional handicapped adolescent girls. **Dissertation Abstracts International.**

- Allen, K. E, Hart, B. N., Buell, J.s. Harris, F. R. and wolf. M.M (1964). Effect of social reinforcement on isolate of nursery school child. **Child Development.** 35, 511-512.

- Appleton, C. (1977). A technology of contingency management for disruptive behaviour by the classroom teacher- **British Association Behavioural Psychotherapy Bulletin.** 5, 47-51.

- Axelrod, S. (1983). **Behaviour modification in the classroom teacher.** Newyork: McGraw Hill Book co.

- Barcroft, A. (1970). Behavioural modification for the school.

  Un Published Mphil thesis, University of London.

- Becker, W. C. madson, C. H., Arnold, C. R. and Thomas, D. R. (1968). The contingent use of teacher attention and praise in reducing classroom behaviour problems. In H. Dupont (ed). **Education emotionally distrubed children**. NewYork: Holt, Rinehart and Winston.

- Broden, M. Bruce, C. Mitchell, M. A. Carter, V. and Hall, R. V (1970). Effect of teacher attention on attending behaviour of two boys of adjacent desks. **Journal of Applied Behaviour Analysis**. PP. 199-203.

- Eimers, R. and Aitchison, R. (1977). **Effective parents, resposibles** children. NewYork: McGraw Hill.

- Gettinger, M. (1983). Students behaviours, teacher reinforcemant student ability and learning. **Contemporary Education Psychology**, 8, pp. 391-402.

- Johnston, J. R. and Mclaghlin, J. (1982). The effect of freetime on assignment completion and accuracy in arthematic. A case study. **Education and Treatment of Children**, S. PP. 33-40.

- Harrop, A. (1983) **Behaviour modification in the classroom**. London: Hadder and Stoughton.

- Hewett, F. M. (1968). **The emotionally disturbed child in the classroom**. Boston: Allyn and Bacon.

- Kiernan, C. C. (1974). Behaviour modification. In, A. M Clarke and D. B. Clarke (Eds) **Mental difficiency: The charging outlook**. London: Methuen and Co Ltd.

- Matson, F. C. and others (1982). Social skills training with a depressed boy. In, C. E. shaefer and others (1982) (Eds) **Advance in therapies for children**. Sonfrancisco: Bas Publishers.

- O'Leary, K. D. and Becker, W. C. (1976). Behaviour modification of the adjustment class: A token reinforcement programs. **Exceptional Children,** 33 PP. 637-642.

- Poteet, J. A. (1974). **Behaviour modification: A particullar guide for teacher.** London: London University Press.

- Saigh, P. A. and Umar, A. M. (1983). The effect of a good behaviour game on the disruptive behaviour of students, **Journal of Applied Behaviour Analysis,** 16, PP. 339-344.

- Upton, G. (1983) **Education of children with behaviour problems**. Cardiff. Faculty of Education, University College Cardiff.

الفصل الرابع

الإضطرابات السلوكية

- تعريف الاضطرابات السلوكية.
- تصنيف الاضطرابات السلوكية.
- معايير الحكم على السلوك من حيث كونه سوياً أو غير سوي.

الإضطرابات السلوكية

قبل البدء بتعريف الإضطرابات السلوكية، لابد من القول أن السلوك السوي وغير السوي متعلم، وللمجتمع دور كبير في تحديد ذلك إذ أن المجتمعات تضع أفرادها في مكانات أو مواقع مختلفة، تتطلب كل مكانة دوراً متميزاً. وهذا الترابط بين المكانة والدور يخضع للنسبية الاجتماعية. كما يخضع كل دور في كل مجتمع لمواصفات سلوكية يتوقعها الناس من الاشخاص الذين يمتلكون المكانة، وإذا تصرف الفرد بطريقة تخرج عن مواصفات هذا الدور نقول بأنه خرج عن الصيغة السلوكية المقبولة في مجتمعه.

تعريف الاضطرابات السلوكية:

إن الاضطرابات السلوكية ليست نوعاً واحداً أو درجة واحدة، وإنما هي أنواع متعددة ودرجات متباينة، ومن هنا يأتي صعوبة ايجاد تعريف يتفق عليه المهتمون، حيث إن كل مختص يعرفه برؤيته الخاصة.

ولقد استخدم مصطلحا الاضطراب السلوكي والاضطراب الانفعالي ، وبالرغم من التداخل بين هذين المصطلحين إلا أنهما لا يتطابقان إذ يكون الاضطراب السلوكي أكثر ظهورا ووضوحا من الاضطراب الانفعالي ، كما أنه يتماشى مع دور المعلم إذا ما قورن بالاضطراب الانفعالي على اعتبارة متعلما بشكل أوضح ، ويمثل المدخل السلوكي الذي يمكن تطبيقه في اطار الصف ، بينما يحتاج الاضطراب الانفعالي في بعض الأحيان إلى مدخل التحليل النفسي الذي يصعب تطبيقه في اطار الصف . أن الاضطراب السلوكي بشكل عام أبسط من الاضطراب الانفعالي من حيث النتائج المترتبة والعلاج والوصمة. وغالبا ما يقترن

الاضطراب السلوكي بالاضطراب الانفعالي، ولكن ليس بالضرورة أن يقترن الاضطراب الانفعالي بالاضطراب السلوكي، وعلى سبيل المثال الغش في الامتحان، السرقة هي مشكلات سلوكية قد لا يرافقها اضطراب انفعالي .

على أية حال إن الاضطراب ليس شكلا واحدا وإنما هو أشكال ومظاهر كثيرة قد تختلف بإختلاف الأسباب التي أدت إليه من حيث الشدة، كما يختلف وفق العمر الزمني إذ قد تكون الانفعالات في مرحلة الطفولة ذاتية او موجهة نحو الذات، بينما يختلف الحال في الأعمار اللاحقة حيث يكون أغلبها موجهة نحو الآخرين.

وجدير بالذكر أنه لا توجد معاييرمطلقة لتشخيص السلوك المضطرب وإنما يتأثر بالمعايير البيئية إذ يعد السلوك غير مقبول بقدر انحرافه عن تلك المعايير، فلكل موقف اجتماعي سلوك متوقع، ويعد سلوكا شائكا إذا لم يتلاءم مع ذلك الموقف، كما يتأثر الحكم على السلوك بالعمر الزمني .

على أية حال يشير هويت وفورنس (Hewett and Forness) في السرطاوي والسالم (1987)إلى أن الطفل المضطرب سلوكياً هو طفل غير منتبه في الفصل ومنسحب وغير منسجم وغير مطيع لدرجة تجعله يفشل باستمرار في تحقيق توقعات المدرس أو المدرسة .

يظهر من هذا التعريف أنه ضيق ومحدود وخاصة من حيث التأثير، في الوقت الذي يكون تأثيره كبيراً في الطفل نفسه، فهو محدود التأثير بالنسبة للأقران والمعلم إذا ما قورن بالعدوانية مثلاً، وهذا لا يعني أن نترك الحال كما هو عليه، وإنما يكون من واجبنا كتربويين أن نتدخل لمعالجته وإلا تتسع وتتعمق.

ويركز كوفمان وهولهان (Hallahan and Kauffman,2003) في تعريفهما على الجانب الاجتماعي، فيعتقد أن الأطفال المضطربين سلوكياً هم أولئك الذين

يستجيبون لبيئتهم بطريقة غير مقبولة اجتماعياً أو مرفوضة شخصياً بشكل واضح ومتكرر، ولكن يمكن تعليمهم سلوكاً اجتماعياً وشخصياً مقبولاً ومرضياً.

ويعرف عبد الغفار والشيخ (1985، ص 209) الطفل المضطرب هو الطفل الذي لا يستطيع أن ينشئ علاقات اجتماعية سليمة وفعالة مع غيره، ويتصف سلوكه بانه غير مرغوب فيه وغير مثمر. ولابد من القول أن الاضطراب السلوكي ليس مقتصراً على فئة دون غيرها، إذ يتبادر إلى الذهن لأول وهلة إنه مقتصر على مجموعة دون غيرها. فقد يتخلل فئة المتفوقين عقلياً، كما هو موجود عند المعاقين عقلياً اضافة الى العاديين.

وقد تؤثر الاضطرابات السلوكية في طاقات الفرد وقدراته الحقيقية بحيث تعرقل استقلالها استقلالاً فعالاً لذلك قد يكون عرضه للفشل والاحباط والتي تؤثر بدورها في صورة الذات.

كما لابد من الإشارة الى أنه لا توجد معايير مطلقة لتشخيص السلوك المشكل وإنما يتأثر بالمعايير البيئية، إذ يعد السلوك غير مقبول بقدر انحرافه عن تلك المعايير، فلكل موقف اجتماعي سلوك متوقع، ويعد سلوكاً شائكاً إذا لم يتلاءم مع ذلك الموقف.

كما يفترض أن يرتبط السلوك بالعمر الزمني ودرجة التطور التي وصل إليها الفرد. ولابد من الاحتراس من اطلاق النعوت إلا بعد التأكد من أن السلوك المشكل يحدث بشكل مستمر ودائم.

وقد لا يتفق جميع المعلمين في إطار المؤسسات التعليمية على نظرتهم إلى السلوك تبعاً لخصائصهم الشخصية والمعرفية والمهنية. إذ تختلف على سبيل المثال درجة التسامح بين معلم وآخر. وخير دليل على ذلك نتائج الدراسة الطولية التي قام

بها روبن وبالو (Robin and Balow 1978, p. 102-109) على (1500) تلميـذ في المرحلـة الابتدائيـة والتـي وصلت إلى أن (68%) من الذكور و (51%) من الاناث اعتبر سـلوكهم مشكلاً مـن قـبـل معلـم واحـد مـن معلميهم، ولا يمكن القبول بذلك.

تصنيف الإضطرابات السلوكية:

ما زالت الإضطرابات السلوكية أنواعاً متعددة، ودرجات متباينة، واشكالاً مختلفة فإنه من الصعب أن نجد تصنيفاً واحداً يتفق عليه المهتمون حيث يتأثر التصنيف باختصاص المصنف.

فهذا وودي (Woody, 1969) يصنف الإضطرابات السلوكية إلى:

(أ) الاضطرابات السلوكية البسيطة: وتضم الأطفال الذين يعانون من اضطرابات سلوكية، ويمكن للمعلم في المدرسة أن يقدم لهم المساعدة من خلال البرامج الإرشادية.

(ب) الاضطرابات السلوكية المتوسطة: وتضم الأطفال الـذين يعـانون مـن مشـاكل، ولكـن يحتـاجون إلى مساعدة مختص واحد أو أكثر، وهم بحاجة إلى خدمات ارشادية خاصة.

(ج) الاضطرابات السلوكية الشديدة: وتضم الأطفال الذين يعانون مـن مشكلات انفعاليـة، ويحتـاجون إلى خدمات فريق التقييم المختص، وإلى معلم مختص في التربية الخاصة لمساعدتهم.

أما جروبر وآخرون (1968) فقد اعتمدوا على الجانب التربوي في تصنيف الاضطرابات السـلوكية، حيث قاموا بتطوير أسلوب لتصنيف السلوك الذي

يسبب مشكلة في المدرسة، كي يتمكن المدرسون من التعامل بفعاليـة مـع الأطفـال المضـطربين سـلوكياً في المدرسة، وقد تم تصنيف السلوك إلى ثلاثة مستويات:

(أ) **المستوى العـادي:** ويتوافـق هـذا المسـتوى مـع المعيـار العـادي للسـلوك مـن حيـث الشـدة والتكـرار والاستمرارية، فقد تظهر المشكلة السلوكية في المسـتوى العـادي نتيجـة لواجبـات تعليميـة جديـدة ، ولكن سرعان ما تنتهي وتزول بعد فترة قصيرة.

(ب) **المستوى الثاني..** فهو مستوى المشكلة: وفي هذا المستوى تكون المشكلة السلوكية منحرفة عن المعيار العادي للسلوك من حيث الشدة والتكرار والاستمرارية حيـث تـؤدي إلى اضـطرابات الطفـل بشـكل ملحوظ، وتستمر لفترة طويلة، ولكنها ليست من التعقيد أو الشدة بحيث تستلزم تحويل الطفل إلى أخصائي بل يكتفي بأن يقوم المعلم مع هذه الحالات ومعالجتها.

(ج) **المستوى الثالث..** فهو مستوى الإحالة: في هذا المستوى تكون المشكلة السلوكية من الشدة والتعقيـد، بحيث لا يمكن للمعلم أن يتعامل معها، مما يتطلب تحويـل الطفـل إلى اخصائي عـلاج الاضـطرابات السلوكية للتعامل مع هذه الحالة. (السرطاوي وسالم (1987)

وفي السبعينات ظهر تصنيف كوي (Quay) والذي يعتبر أفضل نظام تصنيفي في الوقت الحاضر للاضطرابات السلوكية والانفعالية، وهو معتمد عالمياً، ويعتمد على الأبعاد التي تحدد اضطرابات التصرف Conduct Disorders واضطرابات الشخصية Persnality Disorders وعدم النضج Immaturity والجنـوح الصبياني Social Deliquency (Kauffman and Hallahan, 2003) .

وقد قام كل من ادلر وكونولي Alder and Conolley بتجميع المظاهر السلوكية التي يشتمل عليها تصنيف كوي في أبعاده الأربعة:

(أ) البعد الأول (اضطرابات التصرف): ويشمل عدم التعاون، المشاجرة، عـدم الطاعـة، التخريب، استخدام ألفاظ نابية.

(ب) البعد الثاني (اضطرابات الشخصية): ويشمل القلق، والخوف، البكاء باستمرار، الانسحاب، عـدم الثقـة بالنفس.

(ج) البعد الثالث (عدم النضج): ويشمل قصر مدة الانتباه، الكسل، ضعف التركيز، الفوضى، أحلام اليقظة.

(د) البعد الرابع (الجنوح الصبياني): ويشمل السرقة، التهرب مـن أداء الواجبـات، الهروب مـن المدرسـة، (السرطاوي وسالم ، 1987) .

ولابد من الذكر أنه يصعب أحياناً التعـرف عـلى المضـطرب سـلوكياً، ولكـن يسـهل التعـرف عـلى اولئك الذين يجلب (يلفت) سلوكهم انتباه الآخرين. والتعرف عـلى التلاميـذ الـذين يعانون مـن مشـاكل تساعد على تقديم ما يساعدهم في اطفاء المشاكل سواء عن طريق بـرامج تربويـة أو خـدمات طبيـة، كـما تساعد المعلمين على إدراك الصعوبات التعليمية. وتساعد أيضا على تقديم التعليم الملائم.

معايير الحكم على السلوك من حيث كونه سوياً أو غير سوي:

بادئ ذي بدئ لابد من القول، إنه ليس سهلاً وصف السلوك إنه سوى أو غير سوي لأنها مسألة نسبية تخضع للزمان والمكان. فقد يكون سلوكاً ما غير سوى في الوقت الحاضر لكنـه سـوي عـبر السـنين السابقة، وقد يكون سلوكاً ما غير سوى في مجتمع ما، ولا يكون كذلك في مجتمع آخر فعلى سبيل المثال خجل البنت

في المجتمع الغربي يعد سلوكاً غير سوي بينما يكون سلوكاً سوياً ايجابياً في المجتمع الشرقي.

أما السلوك السوي فهو السلوك المعبر عن تكيف مناسب، ويكون فيه تفاعل بين الفرد ومحيطه وبين نفسه تفاعلاً مثمراً.

وهناك عدة معايير مستخدمة بهذا الشأن فيها مواطن ضعف ولا يمكن الاعتماد على احدها كلياً لتحديد السلوك هـل هـو سـوي أو غـير سـوي ومـن هـذه المعايير: (جونسـتون وبنيبـاك Johnston and Pennypack, 1980) (الرفاعي، 1987).

(أ) المعيار الاجتماعي:

وهو يعتمد على تحديد السلوك وفق معايير المجتمع من عرف وعادات وتقاليد وقيم، والسلوك الذي يوافق ذلك يعتبر سلوكاً سوياً، وما يتعارض وهذه الأعراف والتقاليد والقيم والعادات يعد سلوكاً غير سوي، أي ما يقبله المجتمع فهو سلوك سوي، وما يرفضه المجتمع فهو سلوك غير سوي.

ومن مواطن ضعف هذا المعيار أنه لا يكون ثابتاً وعاماً فهو يختلف من مجتمع إلى آخر، كما أن هذا المعيار يلغي فردية وشخصية الإنسان لأن يتصرف وفق رؤيته الخاصة، وعليه الامتثال لتقاليد المجتمع بغض النظر عن كونها صحيحة أو خاطئة.

(ب) المعيار الذاتي:

وهو الحكم على السلوك من خلال الذات، فما يشعره الفرد من رضا أو عدم رضا خـلال سـلوكه هو المعيار الذي يميز به السلوك السوي من غير السوي،

فإذا كان الإنسان راضياً عن سلوكه يعتبره سلوكاً مقبولاً، أما إذا كان غير راض عن سلوكه فهو سلوك غير مقبول.

ومواطن الضعف في هذا المعيار أنه يفتقر إلى الموضوعية، كما أنه لا يعطي وزنا للجانب الاجتماعي، ولا يمكن تعميم هذا المعيار، اضافة إلى أن الفرد قد يكون لديه سلوكات شاذة، ولكنه يعتبرها من وجهة نظره سوية تماماً.

(ج) المعيار النفسي الموضوعي:

إن السلوك وفق هذا المعيار له مظهر وظيفي فلابد لكل سلوك وظيفة يؤديها، وغرض يرمي إليه، لذلك وصف أي سلوك أنه غرضي، فإذا حدث اختلال او اضطراب في هذه الوظيفة وصف السلوك بأنه سلوك غير سوي. أما إذا استطاع ان يؤدي السلوك الوظيفة المنشودة والغرض المطلوب دون خلل واضطراب قيل أن هذا السلوك سوي.

(د) المعيار الاحصائي:

ويعتمد هذا المعيار على فكرة التوزيع الطبيعي للسلوك الانساني السوي وغير السوي كما يوزع الذكاء وفق التوزيع الطبيعي، والسلوك الذي ينحرف عن المتوسط الحسابي (لما يفعله اغلبية الناس) يعد سلوكاً غير سوي.

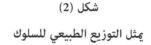

شكل (2)

يمثل التوزيع الطبيعي للسلوك

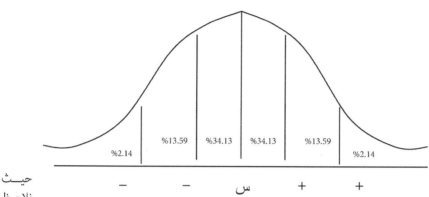

%2.14   %13.59   %34.13   %34.13   %13.59   %2.14

حيـــث
نلاحظ
مـــن

خلال هذا الشكل ان 68% من الافراد يقعون في الوسط. والسلوك السوي حسب هذا المعيار هو الذي يقع في الوسط. اما السلوك الذي يكون حدوثه نادرا، فينظر اليه على انه سلوك غير سوي. والانتقاد الـذي يوجـه الى هذا المعيار هو انه بغض النظر عن طبيعة السلوك فهو يعد سلوكاً سوياً أو طبيعياً اذا كان شـائعاً احصائياً، ويعد سلوكاً غير طبيعي وغير سوي اذا كان حدوثه نادراً احصائياً أو أكثر بكثير مـما هـو متوقـع. وبالرغم من اختلاف وجهات النظر الى السلوك غير السوي، فإن النظرة الشمولية تتطلب الحكم عـلى السلوك السوي أو غير السوي من خلال هذه المعايير مجتمعة، لا أن يعتمد على معيار واحد. وبالتـالي فإن النظرة المتكاملة تقترب كثيراً من الوصف الاجتماعي لمعنى السلوك غير السوي في اطار الفروق الفرديـة والنظرة السليمة للسلوك في ضوء متغيرات فسيولوجية واجتماعية وثقافية ونفسية. وفي تحديد المشكلات السلوكية لابد من وجود محك لتحديد الأطفال الذين يعانون من مشكلات ومن هذه المحكات:

- انحراف السلوك عن المعايير المقبولة اجتماعياً واختلاف معايير الحكم على السلوك باختلاف المجتمعات والثقافات والعمر والجنس.

- تكرار السلوك وهو عدد مرات حدوث السلوك في فترة زمنية معينة حيث يعد السلوك غير سوي اذا تكرر حدوثه بشكل غير طبيعي في فترة زمنية معينة.

- مدة حدوث السلوك حيث تكون بعض اشكال السلوك غير عادية، لان مدة حدوثها قد تستمر فترة أطول بكثير أو أقل بكثير مما هو متوقع.

- طبوغرافية السلوك: وهو الشكل الذي يأخذه الجسم عندما يقوم الانسان بالسلوك.

- أما المحك الآخر شدة السلوك حيث يكون السلوك غير عادي إذا كانت شدته غير عادية، فالسلوك قد يكون قوياً جداً أو ضعيفاً وفق الزمان والمكان.

ويذكر دافيدوف (1992، ص 658) في هذا الصدد محكات بشكل آخر والتي غالباً ما تحدد السلوك غير السوي:

1- قصور النشاط المعرفي: فحينما تحدث اعاقة للقدرات كالاستدلال والإدراك والانتباه والحكم والتذكر والاتصال وتكون هذه الاعاقة الشديدة يمكن وصف السلوك بأنه غير سوي.

2- قصور التحكم الذاتي: ليس للأفراد مقدرة كاملة للتحكم المطلق في سلوكهم، إلا أن البعض يمارس تحكماً ولو بسيطاً في سلوكه "فإن الانعدام التام للتحكم في السلوك يوصف عادة بأنه سلوك غير سوي".

3- قصور السلوك الاجتماعي: لكل مجتمع مجموعة من التقاليد الاجتماعية التي تنظم السلوك، وحينما ينحرف السلوك بدرجة عالية عن مستويات تلك التقاليد فمن المحتمل أن يطلق عليه سلوك "غير سوي".

4- الضيق الشديد: إن مشاعر الأسى وعدم الارتياح كالقلق والغضب والخوف كلها انفعالات سوية وحتمية، ولكن التعبير عن هذه الانفعالات بطريقة غير مناسبة تؤدي إلى المعاناة بطريقة حادة وغير مألوفة يعتقد أنها "غير سوية".

يلاحظ من خلال النقاط السابقة، أن التفريق بين السلوك السوي غير السوي يعتمد بشكل أساسي على درجة الاضطراب فقط، وقد لا يكون مقبولاً تماماً، بل يفترض أن ينظر إلى الملامح النوعية إضافة إلى الملامح الكمية في تحديد السلوك هل هو سوي أو غير سوي.

المراجـــع

- فيدوف، ل، لندا (1992). **مدخل إلى علم النفس** (ط3). القاهرة: الدار الدولية للنشر والتوزيع.

- الرفاعي، نعيم (1987). **دراسة سيكولوجية التكيف والصحة النفسية**. دمشق: جامعة دمشق.

- الشيخ، يوسف محمد وعبد الغفار، عبد السلام (1985). **سيكولوجية الطفل غير العادي والتربية الخاصة**. القاهرة: دار النهضة العربية.

- Johnston, J. M. and Pennypack, H. S. (1980). **Strategies and tactics of human behavioural research**. NewJersy: Hillsdale Lawernce Erlbaum Associate Pub.

- Hallahan D. P. and, Kauffman, M. (2003). **Exceptional children: Introduction to special education,**(9ed). New Jersy: Prentice Hall inc.

- Rubin, R. A. and Ballo, B. (1978) .Prevelence of teacher indentified behaviour problem: A longitudinal study. **Exceptional Children**, 45, pp. 102-111.

- Shea, T. (1978) .**Teaching children and youth with behaviour disorders.** Saint louis: V.C. Mosby.

- Woody, R. (1969). **Behaviour problems children in the school, recogintion, diagnosis, and behaviour modification**. NewYork: Prentice Hall inc.

الفصل الخامس

العوامل المرتبطة بإضطرابات السلوك

1- الأسرة..

(أ) أساليب المعاملة الوالديه.

(ب) حجم الأسرة.

(ج) ترتيب الطفل الميلادي.

(د) حوادث الفراق.

(هـ) الخلاف التربوي.

(و) المرض الابوي.

2- المدرسة.

3- الطبقة الاجتماعية.

4- الجنس.

5- الانجاز الأكاديمي.

6- الصفات الجسمية.

7- الذكاء.

العوامل المرتبطة بإضطرابات السلوك

يحتاج الإنسان للتكيف، لأنه يعيش في مجتمع معقد ومتغير، لذلك وجب اعداده بشكل يؤهله لمواجهة الظروف لكي يصبح منسجماً مع نفسه ومع قيم مجتمعه، والتكيف عملية ديناميكية مستمرة يهدف من ورائها الى تغيير سلوك الفرد ليحدث علاقة أكثر توافقاً بينه وبين البيئة. حيث يتطلب التكيف تنوعاً في السلوك يتناسب مع الظروف المختلفة التي يفرضها الواقع.

أما الحديث عن إضطرابات السلوك أو سوء التكيف (Maladjustment) فهي كثيرة ومتنوعة، ولا تكون على درجة واحدة، وإنما تتأثر بمتغيرات عديدة كالمكان والزمان والعمر والجنس، فالمشاكل التي قد تكون في مجتمع ما، قد لا تكون بنفس النوع والكم في مجتمع آخر. كذلك الحال بالنسبة للزمن، والمشاكل التي تكون في المرحلة الابتدائية قد تختلف من حيث النوع والكم عن المشاكل التي تكون في المرحلة الثانوية والجامعية. ومشاكل الأطفال المعاقين قد لا تكون نفس مشاكل الأطفال الأسوياء من حيث النوع والكم، كذلك في التعبير عنها.

فالمشكلة في مجتمع ما، قد لا تكون كذلك في مجتمع آخر، فخجل البنت كما ذكر سابقاً سمة ايجابية في المجتمع الشرقي، لكنها تعد مشكلة في المجتمع الغربي. وقد تفرض بعض البيئات في افريقيا، أن يكون الطفل عدوانياً، وهو سلوك طبيعي في تلك البيئات، أي ما يقبله المجموع يعتبر سلوكاً مقبولاً وما لا يقبله المجموع يعد سلوكاً غير سوي.

ولا ادل على ذلك ما قام به كل من ديفي وبيكر وكولدستين (Davie & Becker and Goldstein) في وول (Wall, 1981) حيث ادرجوا نتائج عشرة بحوث اجريت خلال الفترة ما بين (1920-1971) في فرنسا ونيوزلندا والمملكة المتحدة والولايات الامريكية.

والجدول التالي يوضح ذلك

جدول (3)

يبين حالات عدم التكيف الشديدة والطفيفة لعشر دراسات

الباحث	مصدر المعلومات	التاريخ	حجم العينة	الفئة العمرية	عدم تكيف طفيف%		عدم تكيف شديد%	مجموع%
سرت (المملكة المتحدة)	دراسة حالة	1920	391	13-7	31.4		4	35.4
ويكمان (الولايات المتحدة)	المعلمون	1927	870	12-6	42.0		7	49.0
ماكفي (المملكة المتحدة)	المعلمون	1934	697	14-12		46.0		46.8
ملنر (المملكة المتحدة)	المعلمون	1935	1201	16-10		17.0		17.0
روجرز (الولايات المتحدة)	مؤشرات متنوعة من ضمنها تقديرات المعلمين	1940	1524	12-6	30.0		12.0	42.0
معهد التربية (نيوزيلندا)	بيانات المعلمين	1948-9	2363	14-5			7.6	7.6
هوبر وآخرون (فرنسا)	المعلمون	1944	95237	13-6		28.6		28.6

30.0	8.0		22.0	14	810	1950	المعلمون	أولمــان (الولايــات المتحدة)
	6.8			12-9		1964	دراسة مفصلة	روتـــر وآخـــرون (المملكة المتحدة)
36.0	14.0		22.0	7	1600	1965	المعلمون (دليل مبرمج)	ديفـي وآخـرون (المملكة المتحدة)

أما العوامل التي ترتبط باضطرابات السلوك فهي:

(1) الأسرة (Family)

إن للأسرة تأثيراً كبيراً في تنشئة الطفل وخاصة في سنواته الأولى، لأنها ترسم الملامح الأولى للشخصية فليس سهلاً إن يتكيف الفرد تماما في هذا العالم المعقد المتغير لكي يكون متكيفاً مع نفسه، ومع بيته، وخاصة بعد الانفتاح الكبير بين العالم نتيجة للتطور التكنولوجي وامتزاج الثقافات.

وعلى أية حال، فإن المتغيرات المتعلقة بالأسرة كثيرة، يمكن تجزئتها إلى:

(أ) **أساليب المعاملة الوالدية:** أن لأساليب المعاملة الوالدية أثراً كبيراً في سلوك ابنائهم، إذ هـي تشكل المناخ الأسري الذي يعد العنصر الأساسي في تكوين

شخصية الطفل. فمثلاً يشير ليفي (Levy 1943) إلى أن الأطفال الذين يعاملون من قبل امهاتهم معاملة تتسم بالتدليل والحماية الزائدة. فإن سلوكهم يتسم بالعصيان ونوبات الغضب وكثرة المطالب، ومحاولة السيطرة على الأطفال الآخرين، وصعوبة تكوين صداقات، والمعاناة من العزلة. أما الأطفال الذين يعاملون بمعاملة تتسم بالتسلط، فإنه أكثر طاعة وإذعاناً للسلطة، وجبناء مع اقرانهم. أضف إلى ذلك فإن كلتا المجموعتين يعانون من القلق وعدم الشعور بالأمن، ولا يحسنون تكوين علاقات اجتماعية.

أما دراسة والكر ورفاقه (Waller et al 1989, pp. 15-24) فتشير إلى أن سوء معاملة الطفل من قبل الوالدين ترتبط بشكل دال على المشكلات السلوكية وبشكل خاص العدوانية، والجنوح، والانسحاب، والانطواء.

وعلى أية حال فإن أساليب المعاملة الوالدية متعددة منها:

1- اتجاه التحكم: وتتسم المعاملة وفق هذا الاتجاه بأنها قاسية وصارمة، وتحمل الأطفال مسؤوليات أكثر من طاقتهم، إذ هي تعتمد الأمر والرفض والعقاب والحرمان لذلك يكون الطفل تابعا. فاقداً لارادته ويمتثل لما يؤمر به.

والآباء هم الذين يحددون أسلوب حياتهم المتعلق بانشطتهم ودراستهم، وماذا يلعب ؟ومع من يلعب ؟ إلى غير ذلك، إن هذه الأساليب تغرز في نفوس الأطفال الخوف والتردد، مما يؤدي إلى تنشئتهم ضعيفي الشخصية.

2- اتجاه الحماية الزائدة: حيث يقوم الأب والأم أو كلاهما بالواجبات والأمور التي يفترض أن يقوم بها الطفل. مما تحدد حرية الطفل في تحقيق رغباته. ويصبح بمرور الزمن معتمداً على غيره. كما قد يتعرض للمشاكل والمتاعب، لأنه لا يقوى على تحمل المسؤولية، ومواجهة الصعاب التي تواجهه، كل ذلك يؤثر

في علاقاته الاجتماعية فقد يحدث سوء التوافق الذي يسبب انسحابه من المجموعة أو شعوره بأنه أقل من اقرانه الآخرين مما يولد شعوراً بالخوف والخجل.

3- اتجاه الإهمال: إن بعض الآباء قد يهملون ابناءهم بشكل صريح أو غير صريح من خلال عدم اكتراثهم بنظافتهم ورغباتهم وحاجاتهم الضرورية الفسيولوجية والنفسية. كما إنهم يعزفون عن التعزيز للسلوكات المرغوبة التي يقوم بها ابناءهم. إن ذلك قد يخلق عند الابناء شعوراً بالذنب والقلق وعدم الانتماء للأسرة، مما يفتح الآفاق أمام الطفل إلى الانحراف من خلال الرفض الداخلي لهذه المعاملة والتي قد تأخذ شكلاً من أشكال العدوان. وقد يكون اهمال الأم أشد وطأة على الطفل وخاصة في سنواته الأولى إذ يعرقل نمو الطفل من الناحية الجسمية والعقلية والانفعالية والاجتماعية.

4- اتجاه التقبل والتدليل: ويتميز هذا الاتجاه بالتراخي والتهاون في معاملة الطفل إذ لا يتحمل مسؤوليات واعباء تتناسب مع مستواه العمري. فكل حاجاته مجابة أيا كانت هذه الحاجات سواءً وفق السياق المقبول أو غير المقبول.

إن لهذا الأسلوب آثاره السلبية في نمو شخصية الطفل، فيصبح معتمداً على غيره، كما يؤدي هذا الاشباع الى أن يكون ذاتياً لا يؤثر غيره. وقد يسبب عدم النضج الانفعالي والاجتماعي.

5- اتجاه التذبذب: إن عدم الاستقرار في معاملة الأبناء وفق منهجية ثابتة، قد يخلق القلق والخوف عند الأطفال إذ يستخدم أسلوب العقاب والثواب بشكل عشوائي بعيداً عن العلمية والموضوعية فقد لا يعرف الآباء تماماً متى يكافأ الطفل حقيقة، ومتى يعاقب مما يجعل الطفل في حيرة وقلق من أمره، مما يتسبب ذلك في خلق شخصية غير مستقرة.

6- اتجاه التفرقة: إن المعاملة التي تتسم بعدم المساواة بين الأبناء نتيجة لأسباب مختلفة كالجنس أو العمر الزمني أو الترتيب الميلادي أو الصحة أو الشكل الخلقي لها تأثيرها في بناء الشخصية سواءاً كان ذلك من الأب أو الأم أو كلاهما. وهذا الاتجاه يفرز في النفوس الحقد والرفض الذي قد يعبر عنه بسلوكات عدوانية موجهة نحو الذات أو نحو الآخرين بأساليب متعددة.

7- الاتجاه الديمقراطي: وهو أفضل الأساليب إذ يشعر الطفل خلاله بالإستقرار والأمن والاطمئنان، لأن العلاقة بينه وبين والديه مبنية على التفاهم والصراحة في التعبير عن الآراء دون خوف. لذلك يستطيع الطفل وفق هذه المعاملة أن يبني صورة حقيقية عن نفسه، لا أن يصبح صورة مكررة عن والده أو والدته.

وأخيرا فقد لخص الشيخ وعبد الغفار (1985، ص 230-231) الظروف غير المناسبة وآثارها في نمو شخصية الطفل.

والجدول التالي يوضح ذلك:

جدول (4)

الظروف غير المناسبة وتأثيرها في نمو شخصية الطفل

الظروف غير المناسبة	آثارها في نمو شخصية الطفل
الرفض	(1) عدم الشعور بالأمن (2) الشعور بالوحدة (3) محاولة جذب انتباه الآخرين (4) السلبية (5) الشعور العدائي (6) عدم القدرة على تبادل العواطف
الحماية الزائدة (التدليل)	(1) الانانية (2) عدم القدرة على تحمل الاحباط (3) رفض السلطة (4) عدم الشعور بالمسؤولية (5) الافراط في الحاجة إلى انتباه الآخرين
الحماية الزائدة (التسلط)	(1) الاستسلام (2) عدم الشعور بالكفاءة (3) نقص في المبادأة (4) الميل الى الاعتماد الكلي السلبي على الآخرين.
المغالاة في المستويات الخلقية المطلوبة	(1) الجمود (2) أنواع قاسية من الصراع النفسي (3) الاحساس بالاثم (4) اتهام الذات (5) امتهان الذات (Self Devaluation)
فرض النظم الجامدة	(1) المغالاة في اتهام الذات (2) المغالاة في الحاجة الى تقبل الآخرين به (3) السلبية (4) السلوك العدواني
التضارب في النظم المتبعة	(1) عدم تماسك قيم الطفل أو تضاربها (2) الميل نحو عدم الثبات (3) التردد في اتخاذ القرارات في المواقف المختلفة

الخلافات بين الوالدين	(1) القلق (2) التوتر (3) عدم الشعور بالأمن (4) الميل نحو النظر إلى العالم كمكان خطر وغير آمن.
الطلاق	(1) عدم الشعور بالأمن (2) العزلة (3) عدم وجود من يتمثل الطفل بقيمهم وأساليبهم السلوكية
الغيرة من الأخوة	(1) العداء (2) عدم بالأمن (3) عدم وجود من يتمثل الطفل بقيمهم وأساليبهم السلوكية
الوالدان العصابيان	(1) ميل الطفل إلى الخوف (2) عدم الشعور بالأمن (3) استخدامم الحيل العصابية التي يستخدمها الوالدان
المثالية وارتفاع مستوى الطموح	(1) تمثل الطفل للمستويات العالمية المطلوبة (2) الاحباط (3) الشعور بالاثم (4) امتهان الذات نتيجة لما تتوقعه من فشل الطفل في الوصول إلى هذه المستويات.

(ب) **حجم الأسرة:** يؤثر حجم الأسرة (عدد أفرادها) في أساليب الرعاية الوالدية المقدمة للأبناء، حيث أن كثرة الأبناء يجعل الآباء يميلون إلى أسلوب السيطرة

في تحقيق المطالب، وإن قلة الابناء يتيح للآباء الفرصة لاتباع أسلوب آخر يعتمد الاقناع.

يقول جبريل (1987، ص 134) إن حجم الأسرة يؤثر في مدى تماسكها ومدى تباين افرادها، كما يؤثر أيضاً في مقدار ونوع العلاقات وفرص التعامل بين اعضائها بعضهم نحو البعض الآخر.

وقد أكدت دراسة عبد القادر (1973، ص 331-372) التي هدفت التعرف على أساليب تربية الطفل وشخصيته في ثلاثة بلدان عربية هي مصر والكويت والبحرين إلى أن هناك علاقة سلبية بين زيادة حجم الأسرة، وبين مستوى الرعاية الوالدية المقدمة للأبناء.

ويقول ديفي (Davie 1972, p. 179) أن الأطفال مع اثنين او أكثر من الاخوة والأخوات يكونون أقل تكيفاً في المدرسة من الأطفال الذين لا يملكون أخوة.

وقد تحدد نوعية المشكلة بالمسببات فمثلاً الأطفال ذوو الاضطرابات النفسية غالباً يأتون من أسر صغيرة، بينما الأطفال الذين يتميزون بسلوك غير اجتماعي يأتون من أسر كبيرة. يقول اوبتن (Upton, 1983, p 74) في هذا الصدد (إن بعض الدراسات توصلت إلى أن ثلاثة أرباع الأطفال الذين يتميزون باضطرابات نفسية يأتون من أسر لهم أقل من ثلاثة أطفال، بينما نصف الأطفال الذين يتميزون بالسلوك غير الاجتماعي يأتون من أسر يكون عدد أطفالهم أربعة أو أكثر.

(ج) **ترتيب الطفل الميلادي:** يعد ترتيب الطفل الميلادي من العوامل المهمة في تكيفه أو عدم تكيفه في الأسرة. فقد لا تكون البيئات النفسية هي واحدة لكل الأطفال حيث تكون لكل منهم بيئته الخاصة من خلال الدور الذي يلعبه في الأسرة المرتبط بتفاعله مع الأبوين. مثلاً الطفل الميلادي الأول الذي يعطي

الرعاية والعناية والاهتمام قد يجعل الطفل الرابع والخامس أو السادس يشعر بالإهمال.

ويقترح توكمان وريكن (Tuckman and Regan 1976, pp. 32-39) من خلال دراستهما التي هدفت لمعرفة العلاقة بين ترتيب الطفل والمشكلات السلوكية التي اجراها على عينة متكونة من (1297) طفل تمثل ثلاثة أحجام.. طفلين، ثلاثة أطفال، وأربعة أطفال. ان الطفل الميلادي الأول هو الممثل الأكبر للأسرة قياساً للطفل الأصغر الذي يعد أقل تمثيلاً لها. وفي هذا السياق، توصلت دراسة شيفارد واوبنهم وميشيل (Shephard & Oppenheim and Mitchell 1971, p.189) إلى أن الانحراف السلوكي يكون فقط عند الطفل الأصغر أو الأكبر، ويؤيد ذلك كروك وألسون (Croake and Olsen, 1977) حيث توصلا إلى أن الطفل الميلادي الأول اكثر انحرافاً.

إن المولود الأول غالباً ما يريد اثبات تفوقه سواءً في البيت أو في المدرسة أو في الشارع، وقد يلجأ في بعض الأحيان إلى السلوك السلبي لتحقيق ذلك. أما الطفل الوسيط فهو لا يستطيع منافسة أخوته الكبار، ولا ينال الرعاية والاهتمام التي يحصل عليها الأخوة الصغار. يقول الطوبيي (1992، ص 128) يلعب الوليد الصغير واحداً من نمطين من السلوك فهو قد يتصرف مثل الطفل المدلل الذي يهرع والداه واخوته إلى اشباع كل حاجاته. وفي هذه الحالة فإن الطفل ينمى شعوراً بالدونية والعجز، ويواجه صعوبة كبيرة في الاعتماد على نفسه، وقد يعجز عن ذلك كلية، أو أنه قد يختار النمط الثاني المحتمل من السلوك وهو التعويض عن حجمه الصغير، وذلك بقيامه بالأعمال التي يقوم بها في العادة من هم أكثر منه سناً، وبالتالي يصبح هذا الطفل معتمداً على نفسه بدرجة كبيرة، ويرفض كل محاولة لتدليله أو معاملته كطفل صغير جداً، ويمكن القول عند المقارنة بين الترتيب

الميلادي الأول والأخير، بأن الطفل الأول والأكبر في ذات الوقت يميل إلى أن يكون المتنفذ والموجه والقائد لاخوته، فهو محط أنظار والديه والممثل الأول لتحقيق آمالهما، لذلك فهو يميل إلى ان يتمثل سلوك الكبار مما قد لا يحقق طفولته كما ينبغي، كما أنه من جهة أخرى محطة تجارب لأساليب التربية والرعاية التي تتخللها العشوائية والتجريب. مما يكون كتغذية راجعة لبقية التراتيب من خلال تجاوز الأخطاء التي وقعوا فيها. بينما يكون الطفل الأخير مدللاً من الجميع، مستجابة طلباته، معتمداً على غيره في كل صغيرة وكبيرة، الأمر الذي يجعله تابعاً مما يغرس في نفسه شعوراً بعدم الكفاية. وقد يخلق ذلك سلوكات شائكة كالخجل أو الانطواء أو الخوف من الغرباء.

(د) **حوادث الفراق:** إن لحوادث الفراق وخاصة خلال السنوات الخمسة الأولى أثراً كبيراً في تطور الطفل العاطفي والشعوري، لأن الحب والحنان من العوامل التي يحتاجها الطفل، ولا يمكن لأحد أن يعوضه ذلك بنفس الدرجة والعمق مهما كانت درجة قرابته، وقد ذكر اوبتن (Upton, 1983, p. 49) دراسة باولبي (Bowlby) التي توصلت إلى أن الفراق الطويل للطفل من أمه خلال السنوات الأولى من أهم أسباب الجنوح، كما أشار كذلك إلى أن الفصال أو الفراق عن الطفل عن طريق العمل المتواصل يؤثر بشكل سلبي في التطور النفسي والسلوكي له. وقد يكون ابناء الأمهات المشتغلات أقل سعادة من أبناء الأمهات غير المشتغلات. ويعود ذلك إلى الحالة الانفعالية للأم المشتغلة وما ينتظرها من متطلبات داخل الأسرة، ولكي تفي بالتزاماتها المتعددة في وقت ضيق، قد يجعلها في حالة من التوتر. وقد تلجأ إلى أن تخضعهم لنظام صارم يتقيدون به بدلاً من أن يسير نظامهم اليومي بهدوء واسترخاء ويشعرون فيه بالأمن والطمأنينة. وفي هذا السياق يمكن القول إن غياب الأمومة لا يؤثر في

تكيف الأطفال فحسب وإنما تترك آثاراً لا تمحى على نموهم العقلي والانفعالي في المراحل اللاحقة.

كما أن غياب الأب له تأثير في تكيف الطفل سلوكياً، حيث أشارت دراسة مورفي (Murphy, 1986) إلى أن هناك علاقة بين غياب الأب والمشاكل السلوكية.

(هـ) الخلاف الأبوي: دلت الدراسات الكثيرة على أن المشاكل بين الأب والأم بشكل مستمر يؤثر بشكل سلبي في نفسية الطفل وتطوره، وخاصة في المراحل الأولى من حياته.

هولمان (Holman, 1953, pp. 654-688) قامت بدراسة على (100) طفل تميزوا بمشاكل سلوكية أو سوء تكيف. وجدت أن (57) طفلاً من عوائل منحلة بالطلاق، أما بقية (43) فقد توصلت الباحثة إلى أن أسر (13) منهم جيدة، أما (30) الآخرين فتميزت بنزاع وخصام مستمر بين الأب والأم. لذلك يمكن القول أن للعلاقة بين الوالدين تأثيراً كبيراً في النمو الانفعالي والاجتماعي للطفل. فالعلاقة الايجابية بين الوالدين المبنية على الحب والتفاهم والانسجام تنشر ظلالها على الابناء بحيث يتحقق تفاعل ايجابي بين الآباء والابناء وكذلك بين الابناء أنفسهم. أما إذا كانت العلاقة بين الزوجين علاقة خصام وشجار وتباغض، كذلك ينشر ظلاله على الابناء مما يجعلهم يشعرون بعدم الاستقرار والقلق والخوف على أنفسهم وعلى أسرتهم. وقد ينعكس ذلك خلال تفاعلهم مع البيئة المدرسية سواء كان ذلك مع الاقران أو المعلمين. كما يؤثر في تحصيلهم الدراسي. يقول الطويبي (1992، ص124) في هذا الصدد انه عندما يفشل الوالدان في اشباع حاجاتهم النفسية كل منهما نحو الآخر، فإنهما يجدان الراحة في تفريغ انفعالاتهما على الأطفال، وهذا يزيد من مخاوف الأطفال وقلقهم الذي يظهر في أعراض جسمية ونفسية.

(و) المرض الأبوي: إن الظروف غير الصحية للآباء تنعكس بشكل سلبي على تنشئة الأطفال. فالآباء الـذين يعانون من أمراض وخاصة العقلية تؤثر بشكل أو بآخر في تكيف الطفل.

روتر (Rutter, 1966) قارن (259) طفلاً شخصوا على أنهم تميزوا باضطرابات سلوكية أو نفسية مع عينة أخرى بلغت (145) كوفئت المجموعتان في متغيري العمر والمكانة الاجتماعية. توصلت الدراسة الى وجود معدل عال من المرض العقلي لآباء المجموعة الأولى مقارنة بالمجموعة الثانية.

فقد وجد أن (35) طفلاً من المجموعة الأولى والتي تمثل 19.3% تميز آباؤهم بمرض عقلي، بينما (9) فقط من المجموعة الثانية والتي تمثل 6.2% من المجموعة العادية.

(2) المدرسة

لقد بات جلياً ما للأسرة من دور في خلق المشاكل السلوكية. وقد لا تكون المدرسة أقل أثراً مـن البيت في جعل التلميذ متكيفاً مع نفسه، ومع بيئته من خلال ما تقدمـه مـن رعايـة في النواحي العقليـة والجسمية والانفعالية والاجتماعية، وهناك عوامل كثيرة تختلف في درجة تأثيرها في تكيف الفرد مـن عـدم تكيفه، ويعتقد الكاتب أن المعلم هو القطب الفاعل في جعل التلميذ محباً أو كارها للمدرسة بشكل عـام والصف الدراسي بشكل خاص، ذلك من خلال الطرق والأساليب التي يتبعها والتي تجعل التلميذ في وضع نفسي حسن أو سئ. فكما للآباء اساليبهم في تربية ابنائهم. فللمعلمين أساليبهم كذلك في تعليم الأطفال، فهناك الأسلوب الاستبدادي الذي يكون فيه المعلم الآمر الناهي مستخدماً الأساليب القسرية بأنواعها. والأسلوب المتهاون الـذي يفتقـد الى الحـل والربط حيث تسود الفوضى وتنعدم الضوابط. والأسلوب المتذبذب الذي تسوده الشدة واللين بعيداً عن العلمية والموضوعية.

والأسلوب الديمقراطي الـذي يتميـز بالعلاقـة الايجابيـة بيـن المعلـم والتلميـذ، إذ يحقـق الضبـط الـداخلي للتلاميذ بدلاً من الضبط الخـارجي، ويمكـن القـول أن الأسـاليب الثلاثـة الأولى تكـون بعيـدة عـن تحقيـق الحاجات النفسية والاجتماعية للتلاميذ، بينما قد يحقق الأسلوب الأخير ذلك.

وعلى أية حـال فـإن هـذه الأسـاليب ترتبـط إلى حـد مـا بمواصـفات المعلـم الشخصية والمهنيـة والمعرفية. كما يؤثر المنهج الدراسي هو الآخر في تكيف التلميذ أو عدمـه، حيـث أن المنهج الـدراسي ليـس واحداً. فهناك المنهج الذي يراعي رغبات وميول التلاميذ، أي يتمحور المنهج حول التلميذ، بينما هنـاك آخـر غير مبال بميول ورغبات التلميذ، وعلى التلميذ أن يتمحور حوله، مما قد يخلق حالة من عدم التوافق.

كما أن للجو الذي يسود المدرسة تأثيره في تكيف الطفل، فالجو الديمقراطي يتيح للطفل فـرص التعبير عن ارائه وأفكاره، إذ يشعر الطفل من خلاله بالأمن والطمأنينة والاستقرار. وهنـاك الجـو المـدرسي الذي يسوده التسلط والضبط والتزمت، ذلك يخلق حالـة مـن سـوء التوافـق والتـي قـد تسبب سـلوكات مرفوضة تعبيراً عن الرفض والاستياء.

كما لا تقتصر سياسة المدرسة على التلاميـذ فحسـب، وإنمـا عـلى المعلمـين كذلـك، إذ أن العلاقـة الايجابية بين الإدارة والمعلمين تنعكس بشكل ايجابي على التلاميذ، والعكس صحيح.

كما أن هناك عوامل كثيرة أخرى تقل في درجة تأثيرها عن العوامل السابقة ومنها حجم المدرسة، عمر البناية، مستقلة أو مزدوجـة مـع مدرسـة أخـرى، مختلطـة أم احاديـة الجنـس، حكوميـة أم خاصـة، السياسة التي تتبعها المدرسة في دور

التطبيع الاجتماعي للأطفال وخاصة في السنة الأولى مـن حيـاتهم الدراسية، كذلك تـاريخ بـدء التـدريس وطوله، التدريس الرسمي البحت.

(3) الطبقة الاجتماعية

مما لا شك فيه أن كل طبقة اجتماعية داخل المجتمـع تشـكل بعـض القيم والتقاليـد والثقافـة الخاصة بها. وهي تلعب دوراً هاماً في تشكيل وتحديد أساليب المعاملـة الوالديـة، وأسـاليب أفرادهـا نحو تنشئة الطفل وفقاً للقيم الثقافية التي تتسم بها الطبقة .

إن التباين القيمي المتأتي من الانتماء الطبقي يشكل اختلافاً في الرؤيـة، وكـل مـنهما يعـد ابنـاؤه لممارسة أوضاع اجتماعية وطبقية مماثلة له.

تؤكد دراسة الدر (1962) ودراسة بايلي وشيفر (1960) على أن الآبـاء والامهـات الـذين ينتمـون الى المستويات الاجتماعية والاقتصادية الدنيا يلجأون الى العقاب البـدني في تنشئتهم الاجتماعيـة لأطفـالهم وخاصة إذا أدى سلوك الأطفال إلى اتلاف بعض الأشياء، أما إذا تجنب الطفل ذلك التخريب، فإنه غالبـاً مـا ينجو من العقاب البدني.

وإن الآباء الذين ينتمون إلى المستويات الاجتماعية والاقتصادية المتوسطة لا يعـاقبون أطفـالهم، بما ينتج عن سلوكهم من نتائج مختلفة، بل يحاولون معرفة الدوافع التي أدت إلى تلك النتائج. وهذا قـد يؤدي بالآباء إلى مناقشة أطفالهم مناقشة عقلية ليصلوا منها إلى معرفة دوافع سلوكهم واسبابها حتى يتخذ الآباء آرائهم ويصدرون أحكامهم في ضوء تلك المناقشة. ولـذا يكـثر الحـوار بـين آبـاء وأبنـاء هـذا المسـتوى الطبقي ويقل في المستويات الدنيا (السيد، 1985، ص 194).

وول (Wall, 1981, p. 174) قارن بين الطبقات الاجتماعية فيقول إن زيادة انتشار عـدم التكيـف
بما يقارب 17% عندما تنتقل من الطبقة الاجتماعية الأولى التي تضم الأطبـاء والمحـامين مـثلاً إلى الطبقـة
الخامسة التي تضم العمال غير المهرة، كذلك توصل ديفي (Davie, 1972, p. 143) إلى النتـائج نفسـها مـن
خلال آراء المعلمين والآباء، فكانـت آراء الآبـاء أن التلاميـذ مـن الطبقـة الاجتماعيـة الخامسـة يعـانون مـن
مشاكل سلوكية متكررة قياساً إلى الطبقة الاجتماعية الأولى. أما معدلات المعلمين بالنسبة لثبـات السلوك
والسلوك غير المتوافق فكانت النتائج أن 77.06% مـن تلاميـذ الطبقـة الاجتماعيـة الأولى يتميزون بثبـات
السلوك ويقابلهم 51.11% من الطبقة الاجتماعية الاخرى.

أما بالنسبة للسلوك غير المتكيف، فقد بلغـت 22.05% بالنسبة للطبقـة الاجتماعيـة الخامسـة،
بينما بلغت 6.06% بالنسبة للطبقة الاجتماعية الأولى.

وفي هذا الاتجاه يقـول روتـر وكوينتـون (Rutter and Quinton 1976, p. 179) أن هناك علاقـة
وثيقة بين الطبقة الاجتماعية ومشاكل السلوك ويعطي مثالاً فيقول أن 45% من الأطفـال الـذين يتميـزون
باضطرابات نفسية يأتون من أسر يكون الأب فيها عاملاً غير ماهر أو شبه ماهر.

إن عدم الكفاية المادية والثقافية لها الأثر الكبير في عدم توفر الفرص والظروف الطبيعية للتطور
والنمو كما تتطلبها التربية الحديثة. وإن الأسرة الفقيرة لا تستطيع تأمين الحاجات الأساسية مـن أجـل نمـو
أطفالهم نمواً سليماً، فهي مثلاً لا تستطيع تـوفير الألعـاب الضرورية للطفل والتي تعتبر بشـهادة جميع
المربين أفضل وسيلة للتعلم. فاحتمالية وجود مسببات لفشل الطفل الفقير الحال عالية، والجميع يدرك مـا
للفشل والاحباط من تاثير سلبي في نفسية الطفل والتي قد تدفعه في كثير من الأحيان إلى سلوكات خاطئـة
غير صحيحة، وأخيراً لابد من الإشارة إلى أنه

رغم الفروق الحقيقية بين الطبقة الوسطى والطبقة الدنيا، إذ أن الأولى أكثر دفئاً وتسامحاً وسيطرة على انفعالاتها، بينما لا تكون الطبقة الدنيا كذلك، فإن هذه الفروق ليست ثابتة تماماً، وإنما قد تتغير من وقت لآخر ومن مجتمع لآخر ومن ثقافة لأخرى.

(4) الجنس

إن متغير الجنس ذكراً كان أم أنثى يحدد نوعية الأساليب التي يستخدمها الوالدان في رعاية الأبناء. وقد يرجع اختلاف اساليب المعاملة الوالدية التي يحضى بها كل طفل من الجنسين إلى طبيعة المجتمع أو اختلاف الطفل نفسه أو اتجاه الوالدين نحو جنس الطفل.

يقول موسى (1991، ص 27) إن العرف الاجتماعي يشجع السلوك العدواني عند الذكور ولا يستحسنه عند الاناث، حيث يلاقي الأطفال الذكور التشجيع من امهاتهم للمقاتلة والتعبير عن العدوان ضد الأطفال الآخرين، بينما لا يلقى العدوان الصريح تشجيعاً من قبل البنات.

إن البحوث التي أجريت في هذا المجال شهدت وجود فرق كبير في حدوث المشاكل السلوكية بين الذكر والأنثى، وهي وإن اختلفت النسب بين الدراسات لكنها تلتقي في أن الأولاد يفوقون البنات في المشاكل السلوكية.

وأشار ديفي (Davie, 1972, p. 105) في كتابة من الولادة إلى سبع سنوات إلى دراسة أجريت على عينة كبيرة من الأطفال (6949) ولداً و (7547) بنتاً، استخدم دليل برستول للتكيف الاجتماعي، بينت الدراسة على أن البنات أكثر استقراراً من الأولاد في المدرسة، حيث كانت نسبة الأولاد الى البنات 58.10%

إلى 70.92% وبالمقارنة ظهر أن 16.93% من الأولاد غير متكيفين بينما نسبة البنات 9.66%.

اما ماكوبي وجاكلين (Maccoby and Jacklin, 1980) فقد حللا (32) دراسة تناولت العدوان الموجه نحو الأقران من عينة تراوحت أعمارها من 6 سنوات فأقل، تبين أن (24) دراسة من جملة هذه الدراسات توصلت إلى أن الذكور أكثر عدواناً، وثماني دراسات لم تظهر فروقاً بين الجنسين في العدوان، ولكن لم توضح أي دراسة أن الاناث أكثر عدواناً من الذكور. وقد تختلف مشاكل الإناث عن الذكور، فمشاكل الذكور ذات طبيعة عدوانية غير اجتماعية، بينما تميل المشاكل السلوكية للاناث إلى الانسحاب وبعض المشاكل ذات صبغة نفسية.

(5) الانجاز الأكاديمي

إن العلاقة وثيقة بين مشاكل السلوك والتحصيل الدراسي، حيث إن كلا منهما يؤثر في الآخر. فعندما يكون التلميذ مشكلاً سلوكياً فإنه غالباً ما يكون منشغلاً عن الدرس، كما أنه يلاقي في كثير من الأحيان موقفاً سلبياً من المعلم، مما يؤثر بشكل كبير في تحصيله الدراسي. وقد تكون المشاكل السلوكية نتيجة لعدم التحصيل لأسباب تتعلق بالتلميذ نفسه أو المعلم أو الظروف البيئية، مما تجعل التلميذ يشعر بعدم الارتياح، وقد يعبر عن ذلك بسلوك غير مرغوب.

سامسون (Sampson 1966 pp. 184-190) استعرض (44) دراسة اجريت خلال خمسين سنة أكدت جميعها العلاقة بين الفشل في القراءة والمشاكل السلوكية.

واختار دكلاص وروس (Douglas and Ross 1968, pp. 2-4) عينة متكونة من ثلاث فئات:

1- الفئة الأولى المتكيفة تكيفاً حسناً ونسبتها 27%

2- الفئة الثانية الأقل تكيفاً من الفئة الأولى ونسبتها 45%

3- الفئة الثالثة والتي تتسم بمشاكل سلوكية ونسبتها 28%

توصلت الدراسة إلى أن الفئة الثالثة كانت أقل الفئات تحصيلاً في كل من القراءة والحساب. أي أن التلاميذ الذين يتميزوا بمشاكل سلوكية كان تحصيلهم الدراسي واطئاً قياساً بأقرانهم العاديين.

وتوصل روتر وآخرون (Rutter et al. 1970. P. 85) إلى أن التلاميذ من الجنسين الذين يتميزون بسلوكات مرفوضة واضطرابات نفسية كانوا متخلفين في القراءة.

وفي هذا السياق توصل ديفي (Davie, 1972, p. 85) إلى ان هناك علاقة من القدرة القرائية والتكيف حيث رأي أن أربعة من عشرة متخلفين في القراءة كانوا يتميزون بمشاكل سلوكية مقارنة إلى واحد من عشرة لفئات أخرى.

وعندما تابع ديفي هؤلاء التلاميذ إلى سن الحادية عشرة رأي أن العلاقة بين التكيف الاجتماعي والمنجز في القراءة بقت قوية كما كانت.

إن هذه العلاقة بين المشاكل السلوكية والتحصيل الدراسي جعل النقاش دائراً في أيهما يسبب الآخر. هل التأخر الدراسي يسبب المشاكل السلوكية أم المشاكل السلوكية يسبب التأخر الدراسي.

وقد وضح ديفي ذلك من خلال هذا الشكل:

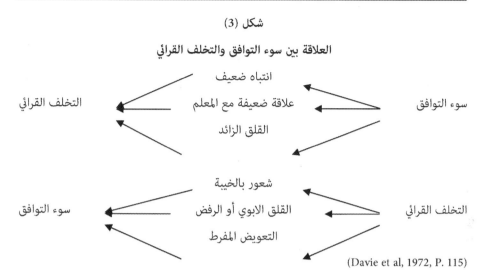

شكل (3)

العلاقة بين سوء التوافق والتخلف القرائي

(Davie et al, 1972, P. 115)

(6) الصفات الجسمية

امتداد لما ذكر سابقاً في عامل الجنس في أن الذكور أكثر مـن البنـات في المشـاكل السـلوكية، وقـد يعود اضافة إلى ما ذكر إلى الاختلافات الجسمية حيث أن خشونة الذكر تجعله أميـل مـن الأنثـى لأحـداث المشكلة السلوكية. كما إن الاختلاف بالصفات الجنسية خلال الجـنس الواحـد يـرتبط بالمشـاكل السـلوكية، فمثلاً توصل ديفيدسون وآخرون (Davidson et al, 1957, pp. 48-61) إلى ايجاد علاقة بين الأطفال السمان وسلوكهم الايجابي السهل، بينما الأطفال النحاف يميلون إلى أن يكونوا منسحبين قلقين.

وقام ميلر وآخرون (Miller et al, 1974, pp 156-157) مسحاً لألف أسرة في نيوكاسل البريطانية، وظهر أن هناك علاقة بين التطور الجسمي والمشاكل السلوكية كما ظهر فرق في الطول مقارنة بين الأطفال العاديين والأطفال الذين تميزوا بمشاكل سلوكية، وأظهر المسح كذلك فرقاً في الوزن بين الأطفال العاديين والأطفال المشكلين سلوكياً بـ (1.85) باوند، اما بالنسبة للأطفال العصابين فهم أقل طولاً في كل الأعمار لحد عمر (15) سنة بمقدار 1.5 أنج.

وقام ديفيس (Davies 1975) بدراسة طبق عشرة اختبارات لقياس القوة، والقدرة، وخفة الحركة، والتوازن، والتنظيم لعينة من التلاميذ المشكلين سلوكياً وعددهم (29) وآخرين عاديين بنفس أعمارهم من مدرسة اعدادية. تراوحت أعمارهم بين (13-15) سنة. أظهرت النتائج أن التلاميذ المشكلين سلوكياً كانوا أضعف من العاديين في المهارات الجسمية عدا واحدة.

وقد ذكر عبد الخالق (1992، ص 56) في هذا الصدد أن الطبيب النفسي كرتشمر (Kretschmer) درس علاقة البنية بالأمراض العقلية، فتوصل إلى أن هناك علاقة بين البنية المكتنزة وذهان الهوس والاكتئاب، وكذلك بين البنية النحيلة وكل من الشخصية ومرض الفصام.

(7) الذكاء

أظهرت بعض الدراسات وجود علاقة بين الذكاء والتكيف حيث يؤثر الذكاء في تكيف الفرد النفسي والاجتماعي فمثلاً وودوارد (Woodward, 1955, pp. 280-294) أشار على وجود دليل قوي بين الذكاء والجنوح.

يقول أوبتن (Upton, 1983, p. 37) ربما يكون مستوى الذكاء عاملاً في تكوين أعراض الاضطرابات السلوكية.

ويرى الكاتب إن مشاكل السلوك لا تقتصر ـ على الذكاء الواطئ فحسب، وإنما الذكاء العالي كذلك. فالذكاء الواطئ قد يجعل الطفل من أن يكون بطيئ التعلم، كما أن الناس يعاملونه على قدر مستواه العمري لا على مستواه العقلي، فهم يطالبونه بأشياء قد تكون فوق طاقته، كما أنه قد لا يستطيع إدراك قيمة الحدود أو القواعد التي تفرض عليه من ناحية النظام والسلوك والترتيب، وقد يتعرض إلى فشل واحباط مما يجعله يشعر بخيبة الأمل والقلق والسلبية الشديدة. كما أن الطفل المتميز بالذكاء العالي قد يكون عرضة إلى عدم التوافق، إذ يتميز بسمات شخصية كالاستقلالية والميل إلى المباداة والتفكير الناقد والإبداعي والحساسية المرهفة وعدم الخضوع وحب الاستطلاع والفضول العقلي، وقد تصطدم هذه السمات بأساليب والدية غير سوية في البيت، كما قد يحدث عدم تقبل من قبل المعلمين في المدرسة، مما يترتب على ذلك عدم التوافق.

كما أن الطفل ذا الذكاء العالي له حاجاته النفسية الأساسية التي يلزم اشباعها كالحاجة إلى التعبير عن الذات، والحاجة إلى الشعور بالأمن وعدم التهديد، والحاجة إلى المؤازرة والى التقبل والى الفهم والتقدير ولا سيما مع احساسه المتزايد باختلافه عن غيره من الاقران (كالاشقاء والاقارب والرفاق) سواءً من حيث اهتماماته وافكاره أو من حيث أداؤه السلوكي، وما قد يترتب على ذلك من مشاعر القلق والتوتر والنزوع إلى العزلة والانسحاب.

وفي هذا السياق فقد ذكر عبد الخالق (1992، ص 56) أن هناك فريقين، فريق يرى أن الذكاء منفصل عن الشخصية، حيث يوجد نوعان من التنظيمات السلوكية المستقلة في السلوك البشري أولهما التنظيم المعرفي أو عملية تداول المعلومات التي تربط بالعمليات العقلية وثانيهما التنظيم الوجداني أو الشخصية والجوانب الانفعالية المتعلقة بالمواقف الاجتماعية والتكيف. وفريق آخر يرى أن

التنظيمين متداخلان وهو ما يؤيده الكاتب. إذ أن هناك علاقة بين القلق والإدراك العقلي.

يقول ايزنك (Eyseneck, 1960, p. 12) في هذا الصدد أن الذكاء اللفظي لدى المنطوي أعـلى منـه عند المنبسط والعكس مع الذكاء العملي، وإن الدقة مرتفعة لدى المنطوي بينما السرعة عند المنبسط أعلى إذ يحفل بالسرعة على حساب الدقـة، ومعـروف أن السـرعة والدقة وجهـان أو مظهـران هامـان للعمليـة العقلية. ويتحفظ الكاتب فيما ذهب إليه أيزنك في المقطع الأول في أن الذكاء اللفظي عنـد المنطوي أعـلى منه عند المنبسط، إذ قد يكون العكس هو الصحيح.

المراجــع

- جبريل، فاروق (1987) .علم النفس الاجتماعي، أسسه النظرية وتطبيقاته التربوية. المنصورة: عامر للطباعة والنشر.

- السيد، فؤاد البهي (1985). الأسس النفسية للنمو، ط3. القاهرة: دار الفكر العربي.

- الشيخ، يوسف محمد، وعبد الغفار، وعبد السلام (1985) .سيكولوجية الطفل غير العادي والتربية الخاصة. القاهرة: دار النهضة العربية.

- الطويبي، عمر بشير (1992). التدريس والصحة النفسية للتلميذ. ليبيا: الدار الجماهيرية للنشر والتوزيع والاعلان.

- عبد الخالق، أحمد محمد (1992) .الأبعاد الأساسية للشخصية. الاسكندرية: دار المعرفة الجامعية.

- عبد القادر، محمود (1973).تربية الطفل وشخصيته في مصر والكويت والبحرين التقرير الأول، مجلة كلية التربية والآداب، العدد الرابع ص 331-372.

- موسى، رشاد علي عبد العزيز (1991). سيكولوجية الفروق بين الجنسين. القاهرة: مؤسسة مختار للنشر والتوزيع.

- وول (Wall) دي. ديليو (1981). التربية البناءة للفئات الخاصة- الأطفال المعوقون والمنحرفون. ترجمة كمال الجراح وفائزة مهدي محمد- بغداد.

- Croake, J. W. and Olson, T.D. (1977). Family constellation and personality. **Journal of Individual Psychology.** 33, 1, pp. 9-17.

- Davidson, M. A. McInnes, R. G. and Parnell, R. W. (1957). The distribution of personality traits in seven years old children: a combined psychiatric and somatotype study. **British Journal of Educational Psyschology** 27. pp. 48-61.

- Davie, R. Rutter, N. and Goldstein, H. (1972). **From birth to seven** London: Longman.

- Davies. M (1975). A comparative study of class motor ability in maladjusted and non maladjusted boys. **Unpublished Diploma in the Education of Maladjusted children Dissertation.** University College Cardiff.

- Douglas, J. W. Ross, J. M. and simpson, H. R. (1968). **All our future.** London: Peter Davies Ltd.

- Eyseneck, H. (1960). Classification and the problem of diagnosis. In H. J. Eyseneck, (Ed). **Handbook of abnormal psychology.** NewYork: Basic book.

- Holman, P. (1953) Some factors in the aetiology of maladjustment in children. **Journal of Mental Science.** 99. PP. 654-688.

- Kauffman,

- Levy, O. (1943). **Maternal overprotection.** NewYork: Columbia University Press.

- MacCoby, E. E. and Jacklin. C. M. (1980). Sex differences in aggression: A rejoinder and reprise. **Child Development,** 51, 4, pp. 964-980.

- Murphy, M. J. (1986). A comparison of characteristic of school behaviour and anxiety of military dependent children and non military children with father present or absent. **Dissertation Abstact International.** 47, 8. December.

- Rutter, M. (1966). Children of sick parents: an-environmental and psychiatric study. **Maudsley monograph** No 16 London: Oxford Uiversity Press.

- Rutter, M., Tizard, J. and whitemore, K. (1970). **Education, health and behaviour.** London: Longman.

- Rutter, M. and Quinton, D. (1976). Psychiatric disorders ecological factors and concepts of causation. In, H. M. Mc Gurk. **Ecological factors in human development. Amsterdam:** Applied Holland Publishing Company.

- Sampson, O. C. (1966). Reading and adjustment: **A review of the literature Educational Research.** 8. PP. 184-190.

- Shephard, M. Oppenheim, A. N. and Mitchell, S. (1971). **Childhood behaviour and mental health.** London: University of London Press.

- Tuckman, J. and Regan, R. A. (1967). Ordinal position and behoviour Problam in children. **Journal of Health and Social Behaviour,** 8. PP. 32-39.

- Upton, G. (1983). **Education of children of behaviour problems.** Cardiff. Faculty of Education, University College Cardiff.

- Walker, E; Downey, and Bergman, A. (1989). The effects of parental Psychotology and maltreatment on child behaviour. Atest of diathesis- stress model. **Child Development.** 60, PP. 15-24.

- Woodwark, M. (1955). The role of low inlelligence in delinguency. **British Journal of Delinquency** 5. PP. 280-294.

الفصل السادس

العدوان

تعريفه

تصنيفه

نظرياته

قياسه

العـدوان

إن العدوان ليس شكلاً واحداً أو مظهراً محدداً، وإنما هو أشكال ومظاهر كثيرة ومتنوعة، لذلك تعددت تعاريفه وتصانيفه.

إن لفظة العدوان قد استخدمت من قبل كثير من المهتمين كعلماء النفس والأطباء النفسيين لوصف جانب كبير من السلوك الإنساني. ومن الصعوبة أن نجد حداً فاصلاً واضحاً بين صور العدوان.

فمن معايير السواء أن يمتلك الفرد قدراً من الميل للعدوان بما يكفيه لمواجهة مشكلات بيئية، والتغلب على عقباتها، وعدم الركون إلى اليأس والخنوع، أو الشعور بالاحباط المعوق أمام تحدياتها لكنه من غير الملائم أن يزيد هذا القدر لدرجة تعوق نجاحه لأن يكون متكيفاً اجتماعياً، وما يعكسه ذلك على توافقه النفسي.

يعرف كود وماركيل (Good and Markel 1973, p. 287) العدوان بأنه خصومه، عداء، تنافر، قضاء، حقد، واتجاه معاد مفرط والميل إلى جنون الاضطهاد أو الشعور الاضطهادي التخيلي، كما أنه سمة شخصية يمكن التعرف عليها لدى الأطفال غير المتوافقين اجتماعياً.

أما جابلن (Chaplin, 1973, p. 15) فيعرفه بأنه هجوم أو فعل مضاد موجه نحو شخص ما، أو شيء ما، واظهار الرغبة في التفوق على الأشخاص الآخرين، وأية استجابة للاحباط، وهجوم متطفل ووقح من قبل أحد الأطراف على الأطراف الأخرى، وحاجة الى الاعتداء على الآخرين أو ايذائهم أو الاستخفاف بهم أو السخرية منهم أو اغاظتهم بشكل ماكر لغرض انزال العقوبة بهم.

أمـا بنـدورا (Bandura 1973, p. 8) فيعتقـد أن العـدوان المسـتهدف يهـدف إلى احـداث نتـائج تخريبية، أو مكروهة، أو الى السيطرة من خلال القوة الجسدية، أو اللفظية عـلى الآخرين، وهـذا السـلوك يعرف اجتماعياً على أنه عدواني.

ويرى الطحان وآخـرون (1989، ص210) أن العـدوان سـلاح ذو حـدين مفيـد للفـرد في تحقيـق مآربه، والوصول إلى حقوقه، واثبات ذاته، وضار بالعلاقات الاجتماعية الأسرية والمدرسية والمؤسسية بصـفة عامة التي يحرص الفرد (أو ينبغي أن يحرص) على تكوينها وتنميتها.

وعـلى هـذا فإن هنـاك درجـة مقبولـة مـن العـدوان، وتعـد عنصـراً هامـاً في التكـوين النفسيـ والاجتماعي للطفل، وإلا سيكون من المستحيل بالنسبة له أن يعلم روابط الاتكال والاعتماد على الغير، وأن يتحرك بمفرده صوب تحقيق أهدافه، وأن يحقق الاستقلال الذاتي لنفسه، ولكن هذه الأشياء مـن المطالـب النمائية الواجب تحقيقها.

يظهر من خلال التعريفات السابقة أنها ليست على درجة واحدة من الحدة والقـوة والشـمولية والدقة، حيث يعتمد بعضهم في تعريفه للعدوان على خصائص السلوك نفسه، بينـما يعـرف الـبعض الآخـر العدوان من منظار ذاتي.

ولهذا يعتقد بندورا (Bandura, 1973, p. 65) في وصف السلوك بالعدوانية بأنه يجب أن يسـتند إلى المعايير الآتية:

1- خصائص السلوك نفسه مثلاً الاعتداء الجسدي والاهانة، واتلاف الممتلكات.

2- شدة السلوك.

3- خصائص الشخص المعتدي (جنسه، عمره، وسلوكه في الماضي) وخصائص الشخص المعتدي عليه.

ولابـد مـن الـذكر أن السـلوكات العدوانيـة كثيرة ومتنوعـة، ولابـد مـن التمييـز بيـن السـلوكات العدوانية المتكررة ولأسباب تافهة، والسلوك العدواني الـذي يحـدث في بعـض الأحيـان لأسـباب قـد تكـون منطقية.

تصنيف العدوان:

إن السلوك العدواني الذي يعد سمة من سـمات الشخصـية، يتبـاين إلى درجـة كبـيرة في النوعيـة لظروف متنوعة جداً .

وسنتعرض في هذا الباب الى تصنيفات العدوان.

سابنفيلد (Sappenfield 1956, p.126) ذكر ثلاث صور للعدوان:

(أ) عدوان بدني أو مادي مقصود: وهو يتضمن إلحاق الفرد الأذى بشخص أخر أو ممتلكاتـه أو مـا يشـعر بقيمته من أشياء.

(ب) عدوان لفظي صريح: مثل اللعن واللوم والنقد والسخرية والتهكم والاستهزاء وترويج الدعايات المغرضة.

(ج) عدوان غير مقصود: ويتمثل في إلحاق الضرر أو الأذى بشخص ما دون قصد أو وعي أو نية مبيتة.

أما فيشباج (Feshbach, 1970, p. 179) فقد صنف العدوان إلى عدوان عـدائي يهـدف إلى الغـدر وعدوان وسيلي يهدف إلى الحصول على ما مع الشخص الآخر وليس إذاؤه.

وبين فرودي وآخرون (Friodi, et al., 1977, pp. 635-636) أربعة أنواع من العدوان هي:

(أ) العدوان المادي أو الجسمي: ويقصد بها الضرر أو الأذى الجسمي لشخص آخر أو لممتلكاته.

(ب) العدوان اللفظي: وهي استجابة تؤدي إلى ضرر اجتماعي أو نفسي مثل الضرر في سمعة شخص آخر.

(ج) العدوان المباشر: وهو العدوان الذي يكون هدفه الشخص المحرض الأصلي أو المستمر للسلوك العدواني.

(د) العدوان غير المباشر: فهو عدوان مع هدف بديل (ليس المحرض نفسه أو المستفز للسلوك العدواني وله تسمية أخرى العدوان المنقول (Displaced Aggression) .

وقد يأخذ السلوك العدواني إحدى الصور الآتية (جبريل، 1989، ص16-17) :

(أ) سلوك غير لفظي (بدني أو مادي) مباشر: أي موجه نحو الفرد المعتدى عليه نفسه، نشط (أي أن الفرد القائم بالسلوك العدواني يظهر في الموقف التفاعلي مع الطرف الآخر مثال على ذلك: أن يضرب أحد الأفراد فرداً آخر في موقف تفاعلي معين.

(ب) سلوك غير لفظي غير مباشر (أي موجه نحو ممتلكات الفرد المعتدى عليه) نشط: مثال على ذلك ان ينصب فرد معين شركاً لفرد آخر لغرض ايذائه إثناء موقف تفاعلي معين.

(ج) سلوك غير لفظي مباشر سلبي (أي ان الفرد القائم بالسلوك العدواني لا يظهر في الموقف التفاعلي أثناء وقوع السلوك العدواني على الفرد المعتدى عليه): مثال على ذلك اعاقة مرور المسيرة أو الاعتصام.

(د) سلوك غير لفظي غير مباشر: مثال على ذلك رفض فرد معين أداء مهمة ضرورية لفرد آخر في موقف تفاعلي معين.

(هـ) سلوك لفظي نشط مباشر: اهانة فرد معين لفرد آخر في موقف تفاعلي معين.

(و) سلوك لفظي نشط غير مباشر: مثال على ذلك ترويج الاشاعات المغرضة.

(ز) سلوك لفظي سلبي مباشر: أن يرفض فرد معين الحديث مع فرد آخر.

(ح) سلوك لفظي سلبي غير مباشر: أن يرفض فرد معين الموافقة على شيء آخر لفرد آخر سواء عن طريق المشافهة أو التصديق الكتابي.

أما عيسوي (1984، ص79-80) فقد صنف العدوان إلى أربعة أنواع:

(أ) العدوان المباشر: وهو الذي يوجه مباشرة إلى الشخص أو الشيء الذي سبب له الاحباط والفشل.

(ب) العدوان المستبدل أو المزاح: حيث يوجه الفرد العدوان إلى شخص آخر خلافاً لمن تسبب له الاحباط، فالطالب الذي يوبخه المدرس وقد يراه اعتداءاً لا يستطيع أن يعبر عن عدوانه أمامه، فيخيفه وقد يفرغه في البيت اتجاه أحد أخوته من خلال سبب بسيط.

(ج) العدوان الصريح: وهو العدوان الواضح.

(د) العدوان المستتر.

وصنف مرسي (1985) العدوان وفق المعيار الاجتماعي إلى صنفين أساسيين:

1- عدوان لا اجتماعي (Antisocial Aggression) : ويشمل هذا النوع من العدوان الأفعال المؤذية التي يظلم بها الانسان نفسه، أو يظلم بها غيره.

2- عدوان اجتماعي (Social Aggression) : ويشمل الأفعال المؤذية التي تهدف إلى ردع اعتداءات الآخرين.

أما الكاتب فيصنف العدوان على الشكل الآتي:

1- عدوان وسيلي لفظي مباشر: وهو عدوان غير بدني لغرض الحصول على شيء ما ولا يقصد به ايذاء الغير. ويكون العدوان وجها لوجه (أو يحدث في موقف تفاعلي).

2- عدوان وسيلي لفظي غير مباشر: كأن يذيع اخباراً سيئة من غير علم الشخص لمنعه من الحصول على مركز أو وظيفة يرغب فيها المعتدي.

3- عدوان وسيلي مادي مباشر: وهو العدوان الجسدي أو على الممتلكات من اجل تحقيق أسباب ذاتية.

4- عدوان وسيلي مادي غير مباشر: وهو الاعتداء على الغير بدنياً أو على الممتلكات من خلال شخص آخر لغرض منع المعتدى عليه من الحصول على شيء يبغيه المعتدي.

5- عدوان عدائي لفظي مباشر: وهو استخدام ألفاظ مؤلمة لغرض ارضاء دافع داخلي متأت من أسباب قد تكون وراثية أو بيئية.

6- عدوان عدائي لفظي غير مباشر: مثل استخدام اشاعات مغرضة للحط من الآخرين ارضاء للذات.

7- عدوان عدائي مادي مباشر: الاعتداء على الآخرين سواءاً كان بدنياً أو على الممتلكات لغرض العدوان والشعور بالنشوة.

8- عدوان عدائي مادي غير مباشر: الاعتداء على الآخرين بدنياً أو على الممتلكات من خلال وسيط أو بدون وجود المعتدى عليه اذا كان الاعتداء على الممتلكات.

ولابد من الإشارة إلى أنه بالرغم من أن هذا التصنيف يغطي بشكل واسع أنواع العدوان، فإن الكاتب يعتقد ان هناك تفاوتاً كبيراً بين العدوان الوسيلي والعدوان العدائي من حيث الكم والنوع. إذ أن العدوان الوسيلي أكثر بكثير من العدوان العدائي، كما أنه الغالب أخف وطأة من العدوان العدائي. والعدوان بكل اصنافه يتأثر بمتغيرات كثيرة مثل الجنس، العمر، النضج، الظروف البيئية، الحالة الاجتماعية والاقتصادية والثقافية، الأساليب المتبعة من قبل الآباء والمعلمين، الأقران، الحالة الصحية.. الى غير ذلك.

نظريات تفسير العدوان:

لا يوجد تعليل واحد يقبله علماء النفس لتفسير السلوك العدواني فقسم يفسر العدوان بأنه سلوك وراثي، وآخرون يقولون أنه سلوك مكتسب. وفيما يلي أشهر النظريات التي تفسر العدوان.

(1) النظرية البيولوجية (Biological Theory)

أرجع بعض الباحثين العدوان على أنه سلوك فطري وأنه محصلة للخصائص البيولوجية للفرد. فقد ذكر مرسي (1985) الى اعتقاد سابق بأن الشخص العدواني يمتلك صفات جسمية وعقلية تختلف عن العادي، ولكن هذا الفرض لم يثبت علمياً من خلال الدراسات التجريبية.

وقد توصلت دراسات إلى أن هناك علاقة بين العدوان واضطرابات الجهاز الغدي.. إذ يرى سكاينز (Skines) استاذ علم الهرمونات بجامعة هارفرد الامريكية

إن زيادة افرازات الفص الأمامي للغدة النخامية يصاحبه توتر واندفاع إلى العدوان والثورة، وايده في ذلك الـدكتور إبراهيم فهيم استاذ علـم الهرمونـات في جامعـة القـاهرة عنـدما توصـل الى وجـود علاقـة بـين اضطرابات هرمونات الغدة والسلوك العدواني. وهناك من يرى أن هناك علاقة بـين كروموسـومات الجنس والعدوان حيث وجد أن كروموسومات الجنس عند الأشخاص العدوانيين هو (xyy) وليس (xy) كـما هـو في العاديين، (مرسي، 1985، ص 45) . ولكن لا يمكن أن تكون هذه النتائج قاطعـة حيـث ذكـر مـرسي (1985) دراسة لهارفك الذي تابع (550) ولدوا بثلاثي الجنس، ولوحظ أن العدوان عند طفل واحد منهم. وقد يكون الرأي الذي ذكره سكوت في موسى (1989، ص32) بأن الاستجابة مرهونة.

1- بعوامل وراثية: إذ أن الفرد قد يرث من الجينات، ما قد يؤثر في نموه بحيـث يمـده بجهـاز عضـلي قـوي يساعده على المقاتلة.

2- وعوامل سيكولوجية: حيث تتضح آثارها بوظائف اجزاء من الجهاز العصبي التي تقوم بتمرير سلسـلة من التنبيهات التي ترجع بشكلها النهائي الى الخارج.

ويرى سكوت أن العدوانية ليست تلقائية، وإنما هناك حاجة تدعو إلى العدوان كأن تكـون هـذه الحاجة دفاعية أو هجومية.

كما يؤكد سكوت إلى أن هناك عوامل أخرى خارجية تحدد الاستجابـة العدوانيـة وهـي العوامـل الاخلاقية أو العوامل الاجتماعية، اضافة الى العوامل الحضارية.

يتضح مما سبق أن تفسير السـلوك الانسـاني حسـب الفطرة والتسـليم بهـا قـد يعطل البحـث العلمي، لأن الفطرة لا تخضع للسيطرة والتحكم، وبالتالي سوف تكبل

عوامل أخرى، كالخبرة الشخصية وعوامل الحضارة، والتعلم الذي يرمى إلى التكيف البيئي.

(2) تفسير العدوان وفق نظرية التحليل النفسي

لقد كان سيجموند فرويد من أوائل علماء النفس الذين بحثوا في الأبعاد النفسية للعدوان وفي القوى المحركة له. فقد ذكر أن للإنسان غريزتين تسيطر عليه، هما غريزة الحياة (Eros) وهي التي تخدم الحفاظ على حياة الفرد وتكاثر الجنس، وغريزة الموت (Thantos) ويعبر عنها بالعدوان وهي أقل وضوحاً بالمقارنة لغريزة الحياة، (Fontana, 1977, p. 98) . فعندما يشعر الفرد بتهديد خارجي تنتبه غريزته العدوانية فتجمع طاقتها ويغضب الفرد، ويختل توازنه الداخلي، ويتهيأ للعدوان لأي إثارة خارجية بسيطة، وقد يعتدي بدون إثارة خارجية حتى يفرغ طاقته العدوانية، ويخفف توتره النفسي، ويعود إلى اتزانه الداخلي (ناصيف، 1986).

وقد ربط فرويد بين العدوان والمراحل المختلفة للتطور النفسي للطفل، فهو يذكر أنه في نهاية المرحلة الفمية ومع ظهور الاسنان تتحول الطاقة العدوانية للطفل إلى تعذيب الموضوع اللبيدي المشبع وهو الأم من خلاله ميله إلى عض ثدي أمه اثناء الرضاعة.

بينما في المرحلة الشرجية،وبعد تمايز الموضوع اللبيدي وتعرف الطفل على وسائل التدمير (بول، براز) تتمايز غرائزه، ويتعرف على أسلوب يناسب الحب والكراهية فتظهر السادية والمازوخية معبرة عن غريزة الموت.

وتتدرج العدوانية في المرحلة الاوديبية حيث المنافسة بين الطفل والوالد من نفس الجنس هو الاستئثار بالأم فيوجه الطفل عدوانه إلى الأب.

قد يمكن القول إن فرويد قد أكد على أن هناك علاقة بين الغريزة الجنسية والعدوان وخاصة في المراحل المبكرة للطفولة حيث يقول أن جميع صور العدوان ذات مصدر جنسي موجه نحو السيطرة على دفعات الجنس.

ويقول عبد القادر (1966) إن وجهة نظر فرويد قد تغيرت في كتاباته الأخيرة حيث أصبح يساوي العدوان بالبغض والرغبات التدميرية التي اعتبرها من أهم مميزات الغريزة الجنسية، بيد أنه تنبه في النهاية إلى مدى ما قد يكتنف هذا الفرض من صعوبات عند الاستدلال على صحته، وانتهى به الأمر الى صياغة فرض جديد مؤداه أن غريزة العدوان لا تتبع غريزة الجنس وانما تتبع غريزة الموت. وعليه فقد اعتبر الهدف الأول هو تدمير الذات، ولا تصبح هذه الغريزة موجهة نحو الموضوعات الخارجية إلا بعد تحررها من نظام الذات تحت تأثير اللبيدو النرجسي.

وعند التسليم بهذه النظرية فإننا لا نستطيع أن نعالج السلوكات العدوانية، أي أن المحلل النفسي لا يستطيع معالجة العدوان، ولكن يمكن تحويل العدوان أو نوجهه نحو أهداف بناءه بدلاً من الأهداف التخريبية والهدامة.

إن هذه الافتراضات غير مفيدة علاجياً فهي لا تساعد على تعميم استراتيجيات علاجية فعالة.

(3) نظرية الاحباط - العدوان (Frustration Aggression Theory)

توصل كل من دولارد ودوب وميلر وسيرز (Dollard, Doap, Miller, and Sears 1939) من خلال دراسات الى إن السلوك العدواني هو الاستجابة الطبيعية للاحباط. حيث إنه كلما ازداد الاحباط وتكرر حدوثه إزدادت شدة العدوان. والاحباط هو خبرة مؤلمة تنتج عن عدم مقدرة الإنسان على تحقيق هدف مهم له

(منصور، 1984) الخطيب (1993، ص 226) . وبعد ظهور هذه النظرية بفترة قصيرة، أكد ميلر (Miller) وهو أحد زملاء دولارد، إن الإحباط ينتج من عوامل عديدة وإنه قد لا يؤدي بالضرورة إلى العدوان والأمر يتوقف على طبيعة العدوان وعلى استعداد الفرد للعدوان، وعلى تفسيره لموقف الاحباط.

إن السلوك العدواني للطفل لا يظهر إلا عندما يحبط في تحقيق حاجاته ومطالبه، وقد يأخذ العدوان مظاهر عدة كالقلق، البغض، الكراهية لمصدر هذا الاحباط، كما أن الاحباط يعد أعنف واقسى ما يواجه الطفل خلال السنوات المبكرة.

لذلك نؤكد ونوصى الأباء والمعلمين وبشكل خاص المعلمين ان يجعلوا الأطفال في وضع نفسي-جيد بعيداً عن الفشل والاحباط لان الفشل والاحباط وخاصة المتكرر لا يمكن الا ان ينفس عنه، وفي أغلب الأحيان، عن طريق السلوك العدواني سواءً كان موجهاً نحو الذات أو الآخرين أو الممتلكات. فمثلاً اذا أخفق الطفل بالإجابة عن سؤال ووبخ من قبل المعلمة، وكرر ذلك فان الطفل سيحمل أنه وألم داخلي قد ينفس عنه عند خروجه من الصف بالاعتداء على طفل آخر أو العبث بموجودات الصف.

(4) نظرية التعلم الاجتماعي (Social Learning Theory) :

يعد بندورا (Bandoura) مؤسس نظرية التعلم الاجتماعي، أو ما يعرف بالتعلم عن طريق الملاحظة، من أشهر الباحثين الذين بينوا من خلال التجريب تأثير مشاهدة النماذج العدوانية في تزايد العدوان عند الأطفال ويكون ذلك عن طريق التقليد، فكثير من السلوكات تحدث عن طريق التقليد.

إن الوالدين عندما يستخدمان العقاب مع الطفل يكون سبباً لتعلم السلوك العدواني. كما أن النماذج العدوانية لا تقتصر على الوالدين ولكنها تشمل المعلمين

والاقران والاشقاء والنماذج الرمزية التي يشاهدها في الكتب وفي التلفاز. ولكن الاشخاص المهمـين في حياة الطفل لهم تأثير اكبر من الآخرين الأقل أهمية.

وقد قام كل من بنـدورا وروس (Bandura and Ross, 1961, pp. 575-582) بتجربـة عـلى عينـة من الأطفال قبل المدرسة. لقد عرضا فيلما فيه أربعة احداث عدوانيـة صاحب كـل اسـتجابة فيـه الفـاظ مميزة ومتساوية، ولتقويم أثره في أداء الأطفال السلوكي العدواني، الحقت بالنموذج العـدواني ثلاثة أثار استجابية مختلفة، في احدى الحالات شاهد الأطفال النموذج يعاقب على عدوانه، وفي الثاني شاهد الطفل نموذجاً يكافأ لعدوانه، وفي الثالثة لم يتبع عدوان النموذج أي آثار.

ومن ثم أعطى الأطفال فرص لاعادة سلوكات النموذج المباشرة بعد التعرض للنموذج، فوجـد بنـدورا إن الآثار التابعة التي تلقاها النموذج لها أثر محدد في تكرار العـدوان. وعـلى أثـر التلفـاز في تـوفير النماذج العدوانية للأطفال قام ليبرت وبارون (Liebert and Baron, 1972, pp. 492-475) بدراسـة عـلى مجموعتين من الأطفال تتراوح أعمارهم بين (5.6-8.9) حيث عرض عليهم تلفزيونياً بعض القصص التي تتضمن مشاهد مليئة بالعنف. وبعض المشاهد الأخرى الخالية منه، ثم اتيح للأطفال فرصة العدوان عـلى زميل لهم. كشفت نتيجة الدراسة أن الأطفال الذين عرض عليهم برامج مليئة بالعدوان قضوا فـترة أطول في الهجوم على نماذج لأطفال اتخذت كضحية لهم. وذلك أكثر مما حدث للأطفال الذين عرض عليهم برامج خالية من العنف والعدوان. وهذا يعني أن الأطفال على استعداد للإندماج في نـوع مـن التفاعل العـدواني مع الآخرين كنتيجة لمشاهدة برامج العنف التلفزيوني.

لقـد ميـز بنـدورا (Bandura, 1973) بـين اكتسـاب الفـرد للسـلوك (Acquistion) وتأديتـه لـه (Perfomance) فاكتساب الشخص للسلوك لا يعني بالضرورة أنه سيؤديه، إذ أن تأديتـه لسـلوك النموذج يتوقف بشكل مباشر على

توقعاته من نتائج التقليد، وعلى نتائج سلوك النموذج ايضا. فإذا توقع الملاحظ أن تقليده لسلوك النموذج سيعود عليه بنتائج مؤلمة فان احتمالية تكرار ذلك السلوك تكون قليلة، وعلى العكس إذا توقع الملاحظ أن نتائج تقليده للسلوك مفرحة فإن احتمالية تكرار التقليد عالية.

وتأسيساً على ذلك يمكن القول أن الفرد يتعلم العدوان من خلال ملاحظة النماذج العدوانية، كما أن احتمال التقليد يزيد عندما يكون النموذج ذا مكانة اجتماعية. كما انه يزيد احتمالات قيام الانسان بالعدوان عندما يتعرض لمثيرات مؤلمة (عندما يؤذى جسدياً أو يهدده الآخرون) كما أن الآباء العدوانيين يعلمون أبناءهم أمثلة كثيرة من العدوانية كذلك الحال بالنسبة للمعلم.

(5) نظرية الاشراط الاجرائي (Operant Conditioning Theory)

يعتقد السلوكيون بأن السلوك العدواني كغيره من السلوكات الانسانية الأخرى يتعلم من خلال نتائجه. فالسلوك العدواني تزداد احتمالية حدوثه إذا كانت نتائجه مفرحة، وتقل عندما تكون نتائجه مؤلمة، وهذه تشكل جوهر نظرية الاشراط الاجرائي لسكنر.

قياس السلوك العدواني:

نظراً لتنوع أشكال ومظاهر ودرجات العدوان، فمن الصعب أن نجد تعريفاً واحداً يتفق عليه المهتمون، وهذا ما يجعل قياسه أمراً ليس سهلاً، فقد تعددت طرق القياس، لأنها تعتمد على تفسير العدوان وأسبابه التي يعتقد أنها تكمن وراءه.

وهناك القياس المباشر الذي يتضمن ملاحظة السلوك العدواني عند حدوثه، ومنها ما يكون غير مباشر مثل الاختيارات الشخصية والمقابلة.

أما أهم الطرق شيوعاً لقياس السلوك العدواني فهي:

1- الملاحظة المباشرة (Direct Observation) : وتعد أفضل الطرق استخداماً لقياس السلوك العدواني لانها تعتمد على ملاحظة السلوك عند حدوثه. وقد تكون الملاحظة في الصف او في ساحة المدرسة أو في البيت أو في العمل.. الخ

2- قياس السلوك العدواني من خلال تحديد النتائج المترتبة عنه (Measurement of permanent Products) (الخطيب، 1993، ص 229) حيث يتم تحديد مستوى السلوك العدواني عن طريق تحديد النتائج التي احدثها السلوك العدواني بالنسبة للأشخاص المعتدى عليهم أو الممتلكات المستهدفة من ذلك الفعل.

3- التقارير الذاتية (Self-Report Inventories) : ويقوم الطفل بتقييم مستوى السلوك العدواني الذي يصدر عنه. فقد يسأل الشخص عن عدد المرات التي اعتدى فيها على الآخرين أو عدد المرات التي اتلف فيها ممتلكاته أو ممتلكات الآخرين، ويعتبر قياس بس وديركي (Buss and Durkee, 1957) ومقياس نوفاكو (Novacom 1975) أكثر مقاييس التقدير الذاتي استخداماً لقياس العدوان (نفس المصدر السابق، ص229).

4- المقابلة (Interview) : ويمكن من خلال هذه الطريقة معرفة خصائص العدوان، والعوامل المرتبطة به وظيفياً، وغالباً ما تركز المقابلة على تحديد الظروف التي يحدث فيها العدوان، والعمليات المعرفية والانفعالية التي تصاحب العدوان، وأنواع السلوك العدواني وردود الفعل للأشخاص الآخرين (نفس المصدر السابق، ص 230).

5- المراقبة الذاتية (Self Manitoring) : وهو أن يقوم الفرد نفسه بملاحظة سلوكاته العدوانيـة، وتسـجيلها والمواقف المثيرة للعـدوان، ونوعيـة الاستجابة، والنتـائج التـي ترتبـت عـلى ذلك. وقـد تكـون هـذه الطريقة مناسبة للكبار، إذ هي تساعد الفرد على الوقوف على كل العوامل المرتبطة به، بحيث يكون على وعي بسلوكه العدواني، مما قد تساعده على تجنب العدوان.

6- الطرق الاسقاطية (Projective Technique) : (قطامي، 1992، ص 119) وقد تكون هـذه الطريقـة مـن اصعب الطرق للتعرف على عدوانية الفرد، لأنها تحتاج إلى شخص ذي خبرة مثل اختبـار بقـع الحـبر لرورشاخ.

7- تقدير الاقران (Peer Rating) ويتم ذلك عـن طريـق توجيـه الأسـئلة الى الاقـران لمعرفـة الأفـراد الـذين يتصفون بسلوكات عدوانية.

8- قوائم التقدير (Rating Scales) في هذه الطريقة يقوم المعلمون أو الآباء أو المعالجون أو غيرهم بتقييم مستوى السلوك العدواني باستخدام قوائم سلوكية محددة.

المراجـع

- جبريل، فاروق (1989). مقياس أساليب التعبير عن السلوك العدواني كراسة التعليمات. القاهرة: الانجلـو المصرية.

- الخطيب، جمال محمد (1993). تعديل سلوك الأطفال المعـوقين، دليـل للآبـاء والمعلمـين. الأردن: اشراق للنشر والتوزيع.

- الطحان، خالد محمد، طواب، سيد، ومحمود، نبيل محمد (1989). أسس النمو الانساني. دبي: دار القلم.

- عبد القادر، محمود (1966) دراسة تجريبية لأسـاليب الثـواب والعقـاب التـي تتبعهـا الأسـرة في تـدريب الطفل وأثرها على شخصية الابناء. رسالة دكتوراة غير منشورة، كلية الآداب، جامعة القاهرة.

- عيسوي، عبد الرحمن (1984). سيكولوجية الجنوح. بيروت: دار الجليل.

- قطامي، نايفة (1992). أساسيات علم النفس المدرسي. عمان: دار الشروق للنشر والتوزيع.

- مرسي، كمال إبراهيم (1985). سيكولوجية العدوان. مجلة العلوم الاجتماعية 13 (2) 45.

- منصور، محمد (1984). قراءات في مشكلات الطفولة. جدة: تهامة.

- ناصيف، عبد الكريم (1986). سيكولوجية العدوان (مترجم)، عمان: دار المنارة للنشر.

- Bandura, A. (1973). **Aggression: A social learning anslysis**. N.Y. Prentice Hall.

- Bandura, A: Ross, D, Ross, S. A. (1961). Transmission of aggression through imitation of aggressive models. **Journal of Abnormal Social Psyschology,** 63, pp. 575-587.

- Champlin, J. P. (1973). **Dictionary of psychology**. NewYork: N.Y. Dell Publisher.

- Feshback, S. (1970) Aggression. In H. Paul (Ed) **Carmicheals manual of child psychology.** N.Y. John Wiely and Sons. Pp. 159-259.

- Fontana, D. (1977) .**Personality and education**. London. Open Books.

- Frodi, A; Macaulag, J. and Thome, P. R. (1977). Are wemen always less aggression than men? A review of the experimental literature. **Psychological Bulletin**. 84, pp. 634-660.

- Good, C. V. and Markell, W.R (1973). **Dictionary of education**. Third Edition. NewYork: Mc Graw Hill.

- Liebert, 1 and Baron, R. (1972). Some immediate effects of televised violence on children behaviour. **Developmental Psychology**. 6. pp. 462-468.

- Sappenfield, B. R. (1956). **Personality dynamics**. N. Y. Alfred A. Knopt.

الفصل السابع

تصميمات البحث في تعديل السلوك

- تصميم مقارنة المجموعات.
- تصميم بحث الحالة الواحدة
  (أ) تصميم أ ب AB
  (ب) تصميم أ ب أ AB A
  (ج) تصميم أ ب أ ب ABAB
  (د) تصميم الخطوط الأساسية المتعددة
  (هـ) تصميم العناصر المتعددة
  (و) تصميم المعيار المتغير

تصميمات البحث في تعديل السلوك

إن التصميمات التجريبية التي إتبعت في مجال علم النفس بشكل عام متعددة الأنواع، وهي لا تكون على نفس الدرجة من الضبط التجريبي، فلكل نوع مزاياه وقصوره من حيث كفاية ضبط المتغيرات التي تؤثر في المتغير التابع.

أما أهم ما يميز البحث في تعديل السلوك هو كونها محاولات منظمة تهدف إلى ايجاد العلاقات الوظيفية بين المتغيرات المستقلة والمتغيرات التابعة. لذلك تحتاج منهجية البحث إلى ضبط دقيق للمتغيرات بحيث يقتصر التغيير الحاصل للسلوك المستهدف (المتغير التابع) كالاعتداء على الآخرين مثلاً من جراء استخدام المتغير المستقل كأسلوب التعزيز الرمزي.

إن تحقيق العلاقات السببية بين المتغيرات التابعة يعتمد بشكل أساسي على تصميم التجربة. وليست كل التصاميم التي بحثت تأثير أساليب تعديل السلوك في القدر نفسه من الضبط التجريبي الذي يحقق الصدق الداخلي والصدق الخارجي.

ويمكن تقسيم التصاميم التي اجريت في مجال تعديل السلوك كالآتي:

(أ) تصميم مقارنة المجموعات:

إن معظم الدراسات التي اجريت في مجال علم النفس تعتمد وبشكل رئيسي- على مقارنة مجموعات تجريبية باخرى ضابطة، ويتم ذلك من خلال مقارنة متوسط أداء المجموعة التجريبية (التي تعرضت للتجربة او العلاج) بمتوسط أداء المجموعة الضابطة (التي لم تتعرض للتجربة أو العلاج).

ومن التصاميم مقارنة المجموعات ما يلي:

(أ) اختيار عينة عشوائية في المجتمع المراد بحثه، وتقسم إلى مجموعتين إحداهما ضابطة والثانية تجريبية بافتراض تكافؤ المجموعتين. يجري قياس المتغير التابع للمجموعة الضابطة دون المجموعة التجريبية على افتراض اننا لو طبقنا القياس نفسه على المجموعة التجريبية لحصلت على الدرجات نفسها. ثم تعرض المجموعة التجريبية للمتغير المستقل. وبعد انتهاء التجربة يجري قياس المجموعة التجريبية ليظهر أثر المتغير المستقل. ولمعرفة الدلالة الاحصائية يكون من خلال متوسطي القياس القبلي للمجموعة الضابطة والقياس البعدي للمجموعة التجريبية.

ويؤخذ على هذا التصميم أنه لا يحقق صدقاً تجريبياً عالياً، إذ أن الحكم على التغير الحاصل على المجموعة التجريبية يكون من خلال مقارنتها بالقياس القبلي للمجموع الضابطة، إذ قد يكون الفرق موجوداً أصلاً بين المجموعتين، وقد يكون الفرق نتيجة أسباب تدخلت في مرحلة التجريب، وليس بسبب المتغير المستقل.

(ب) الطريقة الثانية هو أن تقسم العينة العشوائية المتجانسة إلى مجموعتين إحداهما ضابطة والثانية تجريبية. يجري تعريض المجموعة التجريبية للمتغير المستقل وبعد انتهاء التجربة تقاس المجموعتان، وإذا ما ظهر فرق بين المجموعتين، فإنه قد يعزى إلى استخدام المتغير المستقل مع المجموعة التجريبية دون الضابطة، يؤخذ على هذا النوع من التصميم إنه لم يجر قياس قبلي للمجموعتين لمعرفة الفروق بينهما، لأن الفرق الحاصل بعد اجراء التجربة قد لا يعد دليلاً قوياً على تعريض المتغير التابع للمتغير المستقل إذ أن الفرق بين المجموعتين قد يعود أصلاً إلى ما قبل اجراء التجربة.

(ج) أما الطريقة الثالثة فهي تتجاوز مآخذ الطريقتين السابقتين، فهي تعتمد على اختيار مجموعتين متكافئتين احداهما تجريبية والثانية ضابطة، ويجري قياسهما قبل اجراء التجربة، وبعدها تعرض المجموعة التجريبية الى المتغير المستقبل.

وعند انتهاء التجربة، يعاد قياس المجموعتين لتعرف بدقة الفرق بين المجموعتين الذي يعزى بثقة إلى أن التغير الحاصل يعود الى تعريض المجموعة التجريبية للمتغير المستقل.

وعلى أية حال فإن لتصاميم مقارنة المجموعات مشكلات متعددة منها:

1- إنه ليس سهلاً من الناحية العملية ايجاد مجموعات متكافئة تماماً لكي نقارن بينهما خلال استخدام طريقة من طرق العلاج السلوكي. وبالتالي قد لا نستطيع أن نعزو بثقة عالية في أن التغير الحاصل للسلوك المستهدف (المتغير التابع) إلى أسلوب التدخل العلاجي (المتغير المستقل).

ويرى الكاتب استحالة تطابق فردين بشكل كامل تماماً، إذ قد يتشابهان أو يقتربان لكن تطابقهما مستحيل فكيف الحال بالنسبة لمجموعتين من الأفراد، ومهما حرص الباحث على مكافأة المجموعتين لا يمكن أن يصل إلى نتائج دقيقة بشكل كامل تماماً، لأنه من الصعب جداً او استحالة مكافأة مجموعتين بكل متغيراتها.

2- إن مقارنة المجموعتين التجريبية والضابطة من خلال وسطهما الحسابي يذوب أداء الفرد الواحد. فليس بعيداً أن يكون هناك أداء أفراد من المجموعة الضابطة أفضل حالاً من أداء المجموعة التجريبية أو بعضها حتى لو كان الفرق الدال احصائياً لصالح المجموعة التجريبية.

3- وبما أن نتائج البحث تعكس سلوك الجماعة وينغمر فيها سلوك الفرد، لذلك فإنه من الصعب في هذه الحالة تعميم نتائج البحث على كل فرد من أفراد المجموعة التي تمت دراستهم.

4- إن الاعتماد على اظهار الدلالة الاحصائية من خلال نتائج البحث لا يدل بشكل قاطع على دلالتها الاجتماعية. فنقصان المعدل الحسابي لمشكلة الاعتداء على الآخرين من (15) مرة خلال الدرس الواحد إلى (8) مرات يكون دالاً احصائياً لكنه قد لا يكون ذا دلالة اجتماعية.

(ب) تصميمات بحث الحالة الواحدة:

تتميز تصميمات بحث الحالة الواحدة عن تصميم مقارنة المجموعات بأنها تعطي الباحث قدراً كبيراً من عملية الضبط الذي يحقق الصدق الداخلي والصدق الخارجي. يعتمد ذلك بشكل أساسي على نوع التصميم الذي استخدم في الدراسة، إذ أن هناك كما سيوضح لاحقاً، تصاميم متعددة، وهي ليست بنفس الدرجة من الفاعلية لتحقيق الصدق التجريبي وذلك من أن التغيير الحاصل للسلوكات المستهدفة هي من جراء تطبيق أساليب تعديل السلوك. كما أن فاعلية تصميم الحالة تتأثر بعوامل أخرى كالعينة (إذا كانت فرداً واحداً أو مجموعة صغيرة أو مجموعة كبيرة) كذلك إذا كانت تتعلق بسلوك واحد او عدة سلوكات، اضافة إلى تأثيرها بطبيعة المشكلة تعديلها فمشكلة الخروج من المقعد ليست كمشكلة القلق أو مشكلة التأتأة.

وعند مقارنة تصميمات البحث في الحالة الواحدة والبحث من خلال مقارنة مجموعات، نجد أن الأولى توفر للباحث فرصة لملاحظة السلوك وقياسه قبل البدء بالتدخل العلاجي، والتي تسمى بمرحلة خط الأساس التي يمكن من خلالها تنبؤ السلوك المستقبلي، كما يساعد على وضع خطة علاجية، كما يمكن للباحث أن يغير طريقة العلاج إذا لم تكن مجدية. ويجري خلال البحث في تصاميم الحالة الواحدة

مقارنة الفرد بنفسه أو مجموعة الأفراد بأنفسهم من خلال مرحلة خط الأساس (أو الخطوط الأساسية) بمرحلة التدخل (ومراحل التدخل) العلاجية.

ومن خلال ما ذكر من تصميمات لبحث الحالة الواحدة في أدبيات الموضوع، بوتيت (Poteet, 1971) هاروب (Harrop, 1983) اكسلرود (Axelrod, 1983) تاوني وكاست (Tawney and Gest, 1984) الخطيب، 1987 يمكن تقسيمها على الوجه التالي:

1- تصميم أ ب (AB Design) :

يكون هذا التصميم من مرحلتين اساسيتين هما:

أ (A) - مرحلة خط الأساس (Baseline stage)

ويجري خلال هذه المرحلة قياس السلوك المستهدف قبل بدء عملية العلاج لكي نعرف حجم المشكلة المراد تعديلها بشكل دقيق بعيداً عن التخمين والعشوائية. كما تعد الأساس الذي يعتمد في معرفة فاعلية أو عدم فاعلية طريقة العلاج.

ب (B)- مرحلة التدخل (العلاج)

وهي المرحلة التي تجعل فيها الأسلوب العلاجي موضع التطبيق. فيبدأ على سبيل المثال، المعالج (المعلم) (أو أكثر) باتباع التعزيز الايجابي، أو التعزيز السلبي، أو تكلفة الاستجابة، أو أي أسلوب آخر على فرد أو أكثر لغرض تقليل أو اطفاء أو تعزيز سلوك معين، أو اكساب سلوك جديد.

يعد هذا التصميم من أبسط التصاميم المستخدمة في بحوث تعديل السلوك وأسهلها. ومن المآخذ التي تؤخذ على هذا التصميم، هو أنه قد لا يحقق الصدق الداخلي. إذ إن التغيير الحاصل للسلوك المستهدف قد لا يعود بشكل أساسي إلى أساليب تعديل

السلوك. وقد تكون هناك متغيرات أخرى رافقت تطبيق أساليب تعديل السلوك هي التي سببت هذا التغير. لذلك لا نستطيع أن نقرر بثقة عالية وفق هذا التصميم إن التغير الذي حدث في السلوك المستهدف يرجع إلى أسلوب التدخل العلاجي. والشكل البياني التالي يوضح ذلك

شكل (4) تصميم أ ب A B

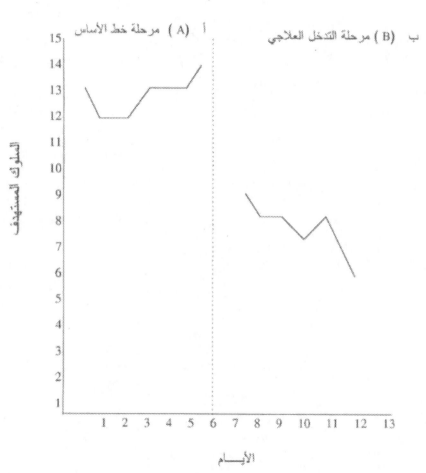

2- تصميم أ ب أ (ABA) :

يتلخص هذا التصميم بإضافة مرحلة أخرى إلى التصميم السابق للتأكد من إن التغيير الحاصل للسلوك المستهدف يعود إلى أسلوب التدخل العلاجي والشكل البياني الآتي يوضح ذلك.

شكل (5) تصميم أ ب أ   ABA

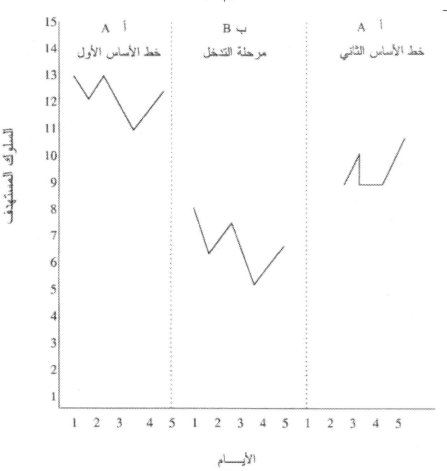

وقد لا تدعو طبيعة المشكلة في هذا التصميم إلى التوقف، وخاصة تلك التي تؤذي الفرد ذاته أو الآخرين (كإيذاء الذات أو الآخرين) إن التوقف عن البرنامج من أجل منهجية البحث قد يضر ـ بالفرد المستهدف، لذلك قد يفضل في بعض الأحيان الاستمرار في مرحلة التدخل.

3- تصميم أب أب (ABAB) :

إن هذا التصميم يتميز عن التصميمين السابقين في أنه اكثر ضبطاً للمتغيرات التي قد تؤثر في النتائج، وتحقق الصدق الداخلي.

إن إضافة مرحلة جديدة (مرحلة التدخل العلاجي الثانية) إلى التصميم السابق، وعودة السلوك المستهدف إلى ما كان عليه في مرحلة التدخل الأولى يجعل الثقة كبيرة في أن المتغير المستقل هو السبب الفاعل وراء التغير الذي حصل للمتغير التابع.

وقد يكتفي بالمراحل الثلاثة الأولى (ABA) إذا استمرت المشكلة السلوكية في مرحلة التوقف في النقصان، ولم ترجع وعندئذ لا يستدعى القيام بمرحلة التدخل الثانية.

يتميز هذا التصميم بأن الباحث يستطيع أن يغير العلاج في مرحلة التدخل الثانية إذا لم يكن العلاج في مرحلة التدخل الأولى فاعلاً.

شكل (6) تصميم أب أب AB AB

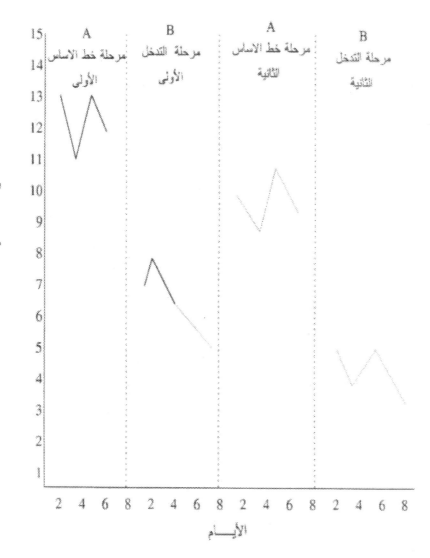

4- تصميم الخطوط الأساسية المتعددة (Multi-Baseline Design)

يتميز هذا التصميم عن التصميمات السابقة بتعدد الخطوط الأساسية فيشمل ثلاثة أو اكثر، وتعالج بشكل تتابعي، وتتخذ أحد الأشكال التالية:

(أ) معالجة مشكلات متعددة لفرد واحد، كأن يعالج مشكلات الخروج من المقعد، التكلم بدون إذن، الاعتداء على الآخرين.

(ب) معالجة الفرد خلال سلوك معين في أماكن مختلفة كأن تعالج مشكلة الاعتداء على الآخرين في الصف، وساحة المدرسة، وفي غرفة الطعام.

(ج) يعالج أكثر من فرد لمشكلة واحدة، كأن تعالج مشكلة الخروج من المقعد كظاهرة مشتركة لعدد من الأفراد.

يقول الباحثان تاوني وكاست (Tawney and Gast,1984) يفترض أن تكون السلوكات المستهدفة مستقلة وظيفياً، أي لا يتأثر أحداهما أوتوماتيكياً لتغير الثاني. ونعتقد أنه من الصعب جداً أن تستقل المشكلات استقلالاً تاماً، وخاصة اذا كانت المشكلات تتعلق بالفرد الواحد. فعند علاج مشكلة العدوان عند (س) لابد وان يكون له تأثير في مشاكل أخرى، وخاصة تلك التي تكون أقل وطأة منها. كذلك عند اطفاء مشكلة العدوان في الصف، لابد وأن تعمم هذه الحالة إلى خارج الصف كفناء المدرسة، وحتى البيت لان التعلم يكون محدوداً إذا كان مقتصراً على اطار الصف، إذ يفترض أن يستمر ويعمم. وما دام السلوك متعلماً سواءً كان سوياً أم غير سوي، فإن كثيراً منه يحدث عن طريق التقليد. وعند اطفاء سلوك غير مرغوب لتلميذ ما في اطار الصف، فإنه ينعكس بشكل أو بآخر على قليل أو كثير من التلاميذ الآخرين، وخاصة إذا كان التلميذ المستهدف نجماً في اطار الصف والشكل التالي يوضح تصميم الخطوط الأساسية المتعددة.

الشكل البياني (7) تصميم الخطوط الاساسية المتعددة

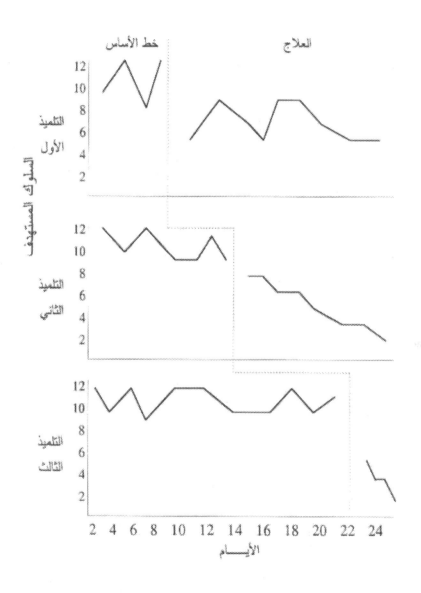

5- تصميم العناصر المتعددة (Multi Element Design) :

يتلخص هذا التصميم في أن يتعرض السلوك المستهدف لأكثر من طريقة علاجيـة متعاقبـة خـلال فترات زمنية قصيرة، كأن يقسم وقت الدرس الذي هو (45) دقيقة إلى ثلاث فترات متساوية، وفي كـل فـترة تتبع طريقة علاجية لتحقيق السلوك المستهدف على سبيل المثال، في الفترة الأولى (15 دقيقة) يتبع التعزيز اللفظي، وفي الفترة الثانيـة (15 دقيقـة) اللاتعزيـز وفي الفـترة الثالثـة (15 دقيقـة) التعزيز غـير اللفظـي. والشكل البياني الآتي يوضح ذلك

شكل (8) تصميم العناصر المتعددة

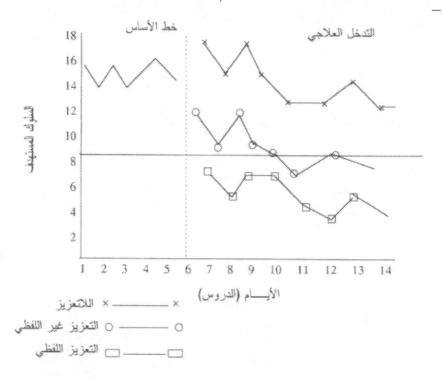

إن هذا التصميم قد يساعد الباحث على معرفة أي الطرق العلاجية انجح في علاج السلوك المستهدف، وقد تتبع الطريقة الانجح لاستكمال اطفاء ذلك السلوك. ولكن في ذات الوقت، قد يتخلل هذا التصميم نوعاً من عدم الاتساق نتيجة لتغيير الطرق العلاجية خلال فترات قصيرة، مما قد يؤثر في حالة الاستقرار بالنسبة للتلاميذ ومن ضمنهم المستهدف أو المستهدفون.

6- تصميم المعيار المتغير (Changing Criterion Design) :

يتمثل هذا التصميم في معالجة السلوك من خلال تغير المعيار بزيادته أو نقصانه، أي لا يتبع الأسلوب العلاجي معياراً ثابتاً. وإنما يتغير وفق التغير التدريجي الذي يحدث في السلوك المستهدف. فمثلاً عند معالجة مشكلة الخروج من المقعد خلال الدرس ولفترات طويلة، يمكن استخدام التوفير الرمزي كأسلوب علاجي، حيث تبدأ باعطاء كوبنين إذا استقر التلميذ في مكانه خمس دقائق، ثم تضاعف العدد إذا استقر في مكانة عشر دقائق دقائق، ثم تضاعف كذلك إذا استقر في مكانه (15) دقيقة ثم تزيد المعيار إذا استقر في مكانه (20) دقيقة وهكذا إلى أن نصل إلى السلوك المستهدف النهائي.

والشكل التالي يوضح تصميم المعيار المتغير.

شكل (9) تصميم المعيار المتغير

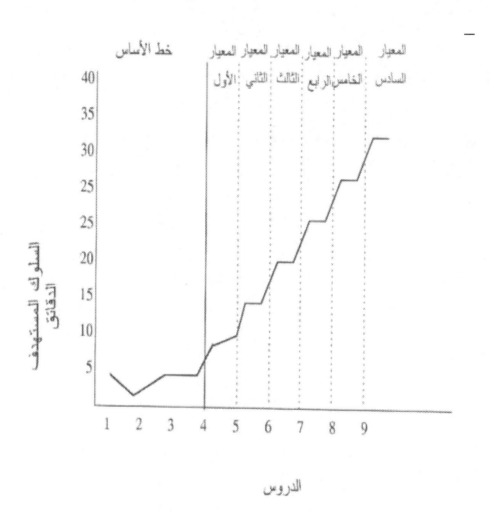

وتعد كل مرحلة من المعايير السابقة بمثابة خط أساس للمرحلة التي تليها

المراجـــع

- الخطيب، جمال (1987). **تعديل السلوك: القوانين والإجراءات**. عمان: جمعية عمال المطابع التعاونية.

- Axelrod, S. (1983). **Behaviour modification in the classroom teacher**. NewYork: Mc Graw Hill Book Co.

- Harrop, A. (1983). **Behaviour modification in the Classroom**. London: Hadder And Stoughton.

- Poteet, S. A. (1974). **Behaviour modification, Aparticular guide for teacher**. London: London University Press.

- Towney, J. D And Gast, D. L. (1984) **Single subject research in special education**. Columbus, Ohio: Charles, E Mirrill.

الفصل الثامن

أساليب تعديل السِلوك

تشكيل تعديل السلوك

1- التشكيل

2- التسلسل

3- الحث والتلاشي

4- النمذجة

علم من جهة أخرى. فالمعلم الذي يتسم بالتخبط وعدم القدرة على مواجهة
تحدث في إطار الصف تؤثر في دافعيته وعطاءه واتجاهه نحو التلاميذ. كما تؤثر في
قف التلاميذ من المعلم والمدرسة.

سلوك هي أكثر ما يشغل بال المعلمين والآباء والمهتمين في مجال التربية، إذ لا تخلو
ا، وقد يكون المعلم في بعض الأحيان مسبباً لها من حيث لا يدري نتيجة لأساليبه
مع التلاميذ، وهذا ينطبق تماماً على الآباء كذلك.

ليب تعديل السلوك، التي استخدمت بشكل كبير في امريكا وأوروبا، واثبتت
لآباء بمعلومات على غاية من الأهمية في كيفية التعامل مع الأطفال بشكل علمي
تجريب. ويعتقد الكاتب أن غالبية المعلمين والمدرسين لم يخبروا هذه الأساليب
كل روتيني في كليات المعلمين في امريكيا وانكلترا.

يب ضرورية جداً بالنسبة لطلبة كليات التربية والمعلمين والإداريين بشكل عام
ومعاهد المعاقين بشكل خاص، لأنهم بأمس الحاجة إلى مثل هذه الأساليب التي
ة الصف وحل المشكلات المختلفة إضافة الى كونها استراتيجيات تعليمية.

لم لأساليب تعديل السلوك تجعله أكثر قدرة على تذليل الصعوبات والمشاكل التي
شكل خاص والمدرسة بشكل عام، وما لها من أبعاد ايجابية على المعلم والتلميذ،
هنية والمعرفية اللتين ترتبطان بالرضا عن العمل، وتدعو الثاني الى الاستقرار والأمن
ماء إلى المؤسسة التعليمية، من خلال مراعاة الجوانب النفسية له مما ينعكس
من نفسه واقرانه ومعلميه ومدرسته.

بسم الله الرحمن الرحيم

المقدمــة

إن الاهتمام بالتنمية البشرية ضرورة ملحة لتقدم أي مجتمع، ولا يمكـ
دوره الفاعل في تحقيق التنمية الاقتصادية والاجتماعية دون أن تكون لـه مؤسسـ
الفرد في كافة النواحي.

ويتطلب العمل التربوي، وخاصة في المراحل الأولى، مراعاة الجانب النفـ
من المرتكزات الأساسية في التنشئة السليمة وعدم تحقيق الحاجات النفسـية والا
يؤدي إلى سوء التكيف وظهور مشكلات عديدة تؤثر فيه كفرد، وفي حياته المـ
التحصيل الدراسي.

فالتربية الحديثة تؤكد دوماً على جعل التلميذ متكيفاً مع نفسه واقرانه
إلا من خلال معلم مؤهل بأساليب علمية موضوعية تبتعد عن العشوائية والتجـ
الذي يكون غير ذلك إلى أساليب غير تربوية كالأسلوب القسري أو المتذبذب، لأنه
التربوي السليم. فتبدأ المعاناة بالنسبة للمعلم والتلميذ، فالأول لا يستطيع مواجـ
علمي، إذ إن للأساليب غير التربوية مردود سلبي على الثاني في تكيفه وفي بناء شخـ
قد تخلق حالات من القلق والخوف والتردد وعدم الثقة بالنفس وغيرها. وبمـ
والتلميذ علاقة تبادل وتفاعل فكل منهما يؤثر في الآخر، لذلك يمكن القول إن التخـ
دافعية المعلم نحو مهنة التعليم من جهة كما تؤثر في

وأخيراً ولزيادة فاعلية التشكيل، يمكن استخدام أساليب أخرى معه كالحث والتلاشي (Promping and Fading) والنمذجة (Modeling) .

يقول واتسون (Watson, 1972) في هذا الصدد إن أسلوب التشكيل لا يكون فاعلاً لوحده لتعليم سلوك جيد.

كما أشارت العديد من التجارب التي جاءت في كتاب رايموند (Raymond, 1984) وسولزر ومايير (Sulzer and Mayer, 1977) إلى فاعلية أسلوب التشكيل عند استخدامه مع أساليب أخرى كالحث والتلاشي والنمذجة والتوجيه المادي.

ومن التطبيقات التربوية للتشكيل التعليم المبرمج (Programmed Instruction) الذي ينظم المحتوى على شكل وحدات صغيرة متسلسلة منطقياً، لها أهدافها الخاصة. ولقد أكد سكنر (Skinner, 1958) خلال مقالاته الرائدة في هذا الموضوع على أهمية التعزيز، وطرق استخدام الاجراءات السلوكية في تعليم المهارات الأكاديمية والتأكيد الأساسي على الاستجابات الصحيحة لتقدم التلميذ في مراحل من مستوى اكاديمي إلى آخر (Sulzer and Mayer, 1977) .

ومن خصائص التعليم المبرمج، إنه يبدأ من النقطة التي يعرفها التلميذ،فمثلا نبدأ معه بالحروف التي يستطيع نطقها كالمرققة ثم ننتقل إلى الحروف المفخمة التي لا يستطيع نطقها . كما يقدم فرص كثيرة للنجاح عن طريق الأساليب الفنية، كالحث والتصحيح والإشارة، والزيادة التدريجية في الصعوبة، لأن الاجابة الصحيحة بحد ذاتها تعزيز، لذلك يبدأ البرنامج التعليمي بالاستجابة البسيطة جداً، ويجري تعزيزها بشكل منظم وفوري، فهو يفسح المجال إلى اقصاه لنجاح التلاميذ. لهذا فإن الفشل الذي يحدث قد يعود إلى الخطأ في البرنامج وليس إلى التلميذ.

2- التسلسل (Chaining)

يختلف التسلسل عن التشكيل في كونه يعزز بالمرحلة الأخيرة من السلوك المستهدف، وليس بالخطوات كما هو الحال في التشكيل وبعبارة أخرى مجموعة استجابات تربط ببعضها من خلال مثيرات محددة لتشكيل السلوك النهائي. ويجري التركيز في هذا الأسلوب على الهدف النهائي، وليس على الأجزاء. كما أنه يتعامل مع سلوكات موجودة، وبذلك يختلف عن أسلوب التشكيل. فعند تعليم المعاقين عقلياً مهارات العناية الذاتية (Self-help skills) على سبيل المثال إرتداء الملابس تتكون من عدة استجابات تربط كالسلسلة حيث يبدأ بلبس القميص فالبنطلون، فالجوراب ثم الحذاء، ويكافأ الفرد بعد الانتهاء من عملية الارتداء ، والطفل الذي يعاني من اضطرابات في النطق يعزز في المرحلة الأخيرة من نطق الكلمة كاملة بشكل صحيح بعد أن كان يعزز في التشكيل عند النطق الصحيح لكل حرف من حروف الكلمة. ويمكن تلخيص اسلوب التسلسل بتقسيم السلوك المستهدف إلى سلسلة من السلوكات الصغيرة المنفصلة، ثم تربط هذه السلوكات بعضها ببعض إلى أن نصل إلى السلوك المستهدف، ويجري تعزيزه ويفترض وضع السلسلة الأخيرة تحت سيطرة تنبيه قوي.فمثلا عندما لا يستطيع الطفل نطق كلمة متكونة من ثلاثة حروف بشكل صحيح، نبدأ بحرف حرف ثم يربطها لتشكل الكلمة بشكل صحيح وحينئذ يعطى التعزيز. وفي حالة الخطأ في تقديم الاستجابات المتسلسلة يجب الرجوع إلى نقطة البداية، ويفضل استخدام اسلوب آخر مع التسلسل وهو الحث والتلاشي لتحقيق الاستجابات المتسلسلة (Karoly, 1980)

3- الحث والتلاشي (الاخفاء) (Prompting and Fading)

يتلخص الحث باستخدام التنبيهات التحفيزية بتوجيه انتباه الفرد ومساعدته لانجاز الاستجابة المطلوبة. تشمل التنبيهات التحفيزية الايماءات، الاشارات،

الالفاظ، التلميحات، التعليمات، التوجيه الجسدي، وكل ما يساعد على الاستجابة المستهدفة. ولا تكون هذه التنبيهات أو المفاتيح (Cues) جزءً من سلوك الفرد، وإنما يقوم بها شخص آخر لمساعدته على أداء الاستجابة الصحيحة. على سبيل المثال عندما يسأل المعلم تلميذاً ما سؤالاً معيناً كأن يكون كم مجموع 4 + 4 وعندما لا يعرف، أو يتأخر في الإجابة، يستخدم المعلم ايماءات أو إشارات أو ألفاظ لكي تساعده على الاجابة الصحيحة.فعندما لا يستطيع نطق المقطع أو الكلمة نساعده بالحركة الجسدية والاشارة وأي إيماءه تساعده على النطق الصحيح . تتجسد أهمية الحث في المراحل الأولى لمساعدة الفرد على اكتساب الاستجابة المستهدفة، وقد تأخذ وقتاً طويلاً وتكراراً أكثر عندما يكون السلوك المستهدف معقداً.

اما التلاشي (Fading) فهو الإبعاد التدريجي لكل مظاهر المنبهات التحفيزية ويكون ذلك بعد حدوث السلوك المستهدف بشكل متواصل فإذا طلب المعلم على سبيل المثال، جواباً من خمسة أحرف، وإعانة بثلاثة أحرف لحثه على الاستجابة الصحيحة. يبدأ التلاشي باعانته بحرفين، وبعد التأكد من الاستجابة الصحيحة، يعان بحرف واحد، وهكذا إلى أن يصل إلى الاستجابة المستهدفة، بلا أي شكل من أشكال المساعدة.

وقد لا تقتصر عملية الحث على نمط واحد من المنبهات التحفيزية. إذ يمكن استخدام اكثر من واحدة، كأن تكون اشارة وصوت مهموس أو صوت مهموس وايماءة وتوجيه جسدي، وعندما تكون عملية الحث بثلاثة منبهات يكون التلاشي بالإزالة التدريجية للمنبهات، فيصار إلى الصوت المهموس والايماءة، وبعد التأكد من حدوث الاستجابة الصحيحة يصار إلى منبه واحد كأن يكون الايماءة وبعد حدوث الاستجابة بشكل صحيح، يزال المنبه الأخير.

4- النمذجة (النسخ) (Modeling)

إن كثيراً من التعلم يحدث عن طريق التقليد أو ملاحظة الآخرين، وقد أكد بنـدورا (Bandura) في نظرية التعلم الاجتماعي (Social Learning Theory) إن للفرد ميـل فطري لتقليد سلوكات الآخرين حتى وإن لم يستلم أي مكافأة (ثواب) فونتانا (Fontana, 1977) .

وما انتشار الموضات وأساليب الملبس والمسلك والحديث إلا دليل واضح على التعلم بالمحاكاة أو التقليد.

تؤدي المحاكاة إلى اكتساب سلوكات جديدة أو تعـديل سـلوكات قديمـة نتيجـة لملاحظة سلوك الآخرين الذين يشكلون نماذج في نظر المقلدين. استخدم هذا الأسلوب في تعليم جوانب سلوكية واكاديميـة ومهارية، وكلامية (اضطرابات النطق والصوت والطلاقة)، رايموند (Raymond, 1984) .

مثال على ذلك عند معالجة طفل يخاف من الكلب، يمكن وضعه مع مجموعـة مـن الأطفـال لا يخشون الكلب بحيث يكون آخرهم. ويراهم أمامه يلعبون مع الكلب، وعندما يطمئن تماماً نقربـه بشكل تدريجي خطوة بعد خطوة إلى أن يكون قريباً من الكلب وعند التأكد بان الطفل في وضع طبيعي بـلا خوف يجري تنقيص عدد الأطفال واحداً بعد آخر إلى أن يبقى الطفل لوحده مع الكلب ليقلد أقرانـه الآخرين في لعبهم معه. ويمكن أن نعرضه لكلب آخر أكبر منه حجما إلى أن يزال عنه الخوف تماماً.

يتأثر التقليد بعوامل عدة، كالعمر والنضج العقلي، حيث يكون الصغار أكثر تقليداً من الكبار.

كما يتأثر التقليد بجاذبية النموذج، وتوافق القيم والتماثل في بعض الخصائص الشخصية بين الفرد والنموذج. ويتأثر الأطفال بالنماذج الناجحة أكثر من النماذج الفاشلة، فمن غير المنطق أن يقلد طفل ذكي طفلاً متخلفاً.

يقول دافيدوف (1992) في هذا السياق أن سرعة الاستجابة لقوة نموذج معين بواسطة الحالة الانفعالية للمتعلم، واسلوبه في الحياة حيث يبدو أن الإثارة الانفعالية المعتدلة، سواءً أكانت خوفاً أو غضباً أو سروراً تؤدي إلى زيادة القابلية للتأثر بالتعلم بالملاحظة (التقليد)، وكذلك بالنسبة لطرز التعليم الأخرى.

كما ينزع الأفراد أكثر إلى تقليد الأساليب السلوكية التي تتفق مع أساليبهم الخاصة في الحياة.

إن وظائف التقليد أو النمذجة لا تقتصر على اكتساب سلوكات جديدة لم تكن موجودة من قبل، أو تعديل السلوك القديم، بل يمكن تعليم السلوك الاجتماعي الجيد من خلال المراقبة لحالات متنوعة.

كما قد يؤدي التقليد إلى ظهور سلوكات كانت مكبوتة بسبب الخوف أو القلق، اضافة إلى أنه استخدم كثيراً في اطفاء أنواع من القلق والخوف.

ويعد لعب الأدوار أحد مناهج التعلم الاجتماعي. وكان للكاتب دور في ذلك من خلال معالجته لطفل في الصف الرابع الابتدائي وصف بأنه مشكل سلوكياً بشكل كبير جداً، وهذا ما اتفق عليه المعلمون والإدارة اضافة إلى المشاهدة الميدانية للكاتب، لم يقتصر تأثير ذلك السلوك الشائك على الطفل نفسه بل على المعلم والاقران وسير العملية التعليمية.. وقد تعذر على المعلمة والإدارة معالجته.

تمثل السلوك الشائك للتلميذ المستهدف الاعتداء على اقرانه، التكلم بدون إذن ومقاطعة المعلمة، الخروج من المقعد، عدم الانتباه.

تلخص العلاج باعطاء دور نقيض لما هو عليه، حيث طلب الكاتب من المعلمة أن تسأل التلميـذ خارج الصف أن يسـاعدها بشـكل سري دون معرفـة التلاميـذ، وذلـك بـالجلوس في آخـر الصف وتسـجيل الأطفال المشكلين سلوكياً. ويجري اعطاء الأسماء خارج الصف، وهي بدورها تتظاهر محاسبة التلاميذ ولكن بشكل صوري لكي تجعل التلميذ المستهدف ينظر إلى الأمر بجدية، وتشكره كلما قام بذلك.

استمر التدخل في بداية الأمر أسبوعاً بشكل مستمر بواقع درس واحد في اليوم، ثـم اصبح في الأسبوع الثاني بين يوم وآخر لدرس واحد كذلك. اظهرت النتائج تغيراً كبيراً في سـلوك التلميـذ، حيـث ابتعـد عن السلوكات غير المرغوبة. ولم يقتصر التحسن على التلميذ نفسه وإنما انعكس بشكل ايجـابي عـلى سـير العملية التعليمية والاقران والمعلم.

تأخذ النمذجة أشكالاً متعـددة كالنمذجـة الحيـة، النمذجـة المصورة أو النمذجـة مـن خـلال المشاركة (Ollendick and Cerney, 1981) :

(أ) النمذجة الحية: هي قيام النموذج بتأدية السلوك المستهدف أمام الشخص الـذي يريـد تعليمـه ذلـك السلوك.

(ب) النمذجة المصورة أو الرمزية: وهو أن يقوم الشخص المراد تعليمه بمراقبة سلوك النموذج مـن خـلال الافلام.

(ج) النمذجة من خلال المشاركة: وهو مراقبة النموذج وتأديـة سـلوكه المـراد تعليمـه بمسـاعدة المعـززات المرغوبة، والتشجيع إلى أن يؤدي الاستجابة الصحيحة.

ولابد من الإشارة إلى أن أساليب النمذجة تكون مـدخلاً عـلى غايـة مـن الأهميـة كاستراتيجيات تعليمية فاعلة للمدرس.

ومن التجارب التي قارنت بين النمذجة الحية والنمذجة الرمزية التجربة التي قام بها بنـدورا وبلانجـارد ورتـر (Bandura, Blanchard, and Ritter,1969) لتنقيـص الخـوف مـن الثعـابين لعينـة مـن المراهقين والراشدين كانوا يخشون القيام ببعض الأنشطة لارتباطها بوجود الثعابين، وهي القيام بالمخيمات، الجولات والأعمال الريفية، وأعمال الحدائق. قسمت العينة إلى أربع مجموعات:

1- المجموعة الأولى: تعرضت لملاحظة المعالج الذي كان يرفع ثعبان حياً كبيراً بيده، وقد شجع المعالج هذه المجموعة من لمس ومسك الثعبان خلال سلسلة مـن الخطـوات المتدرجـة لتحقيـق ذلـك، وحسـب قدرات الأفراد لتحقيق كل خطوة.

2- المجموعة الثانية: شاهدت افلاماً لأطفال ومراهقين وراشدين منشغلين بفعاليات متعددة مـع الثعـابين. وكان المعالج يوقف ويشغل الفلم من خـلال جهـاز التـحكم مـن بعـد، كمـا دربـت المجموعـة عـلى الاسترخاء.

3- المجموعة الثالثة: تعرفت لمعيار معين من المعالجة التي ابتكرهـا ولبـى (في ازالة التحسـس التـدريجي) (desensitization) وهو أن يتصور الفرد لسلسلة من المثيرات المتعلقـة بالثعـابين والمسببة للخـوف بشكل تدريجي.

4- أما المجموعة الرابعة: فهي المجموعة الضابطة التي لم تتعرض لعلاج. اسفرت نتائج الدراسة عن تنـاقص كبير في الخوف من الثعابين لكل المجموعات التي تعرضت للعلاج.

أما المعيار الذي اعتمد في الحكم على التغير السلوكي فهو تعريض العينـة لنـوعين مـن الثعـابين وبألوان مختلفة، كما طلب من كل فرد خضع للعلاج ان يحرك

الثعبان من مكان تواجده، وإن يمسكه بأيدٍ عارية. وأن يتحمل وضع الثعابين في حجره.

وأشارت الدراسة، إن التغيرات السلوكية الحاصلة ارتبطت بشكل ايجابي بتغييرات في قلـق العينـة واتجاههم نحو الثعابين.

المراجـــع

- دافيدوف، ل، لندا (1992). **مدخل إلى علم النفس**، ط3. القاهرة: الدار الدولية للنشر والتوزيع.

- Bandura, A., Blanchard, E. B. and Ritter, B. J. (1969). The relative efficacy of desensitization and modeling therapeutic approaches for inducing behavioural, effective and attitudinal changes. **Journal of Personality and Social Psychology**, 13, PP. 177-199.

- Fontana, D. (1977). **Personality and education**. London: Open books.

- Harrop, A. (1983). **Behaviour modofication in the classroom**. London: Hadder And Stoughton.

- Karoly, P. Operant methods, In F. H. Kanfer And A. P. Goldstein, (Eds) (1980) **Helping people change**, NewYork, Pergaman Press, PP. 210-247.

- Ollendick, T. H and Cerny, J. A. (1981). **Clinical Behaviour Therapy with Children**. NewYork: Plenum Perss.

- Raymond, J. (1984). **Teaching the chlid with special needs**. London: Wordlock Educational Ltd.

- Sulzer- Azoroff, B. And Mayer, R. (1977). **Appling behaviour analysis procedures with children and youth**. NewYork: Holt- Rinehart And Winston.

- Upton, G. (1983) . **Education of children with behaviour problems**. Cardiff, Faculty of Education, University College Cardiff.

- Watson, 2-5. (1972). **Child behaviour modification. A manual for teachers, nurses and parents**. NewYork: Pergoman Press.

الفصل التاسع

زيادة السلوكات المرغوبة

- التعزيز الايجابي
- التعزيز السلبي
- ضبط المثير

زيادة السلوكات المرغوبة

التعزيز الايجابي (Positive Reinforcement)

استخدم التعزيز الايجابي بشكل واسع في تعديل السلوك، وكان أكثر الأساليب قبولاً من التربويين وعلماء النفس والزبائن (الأفراد الذين يطبق عليهم هذا الأسلوب) (AL Dahir,1987) . يتلخص التعزيز الايجابي بتقديم معززات بشكل مشروط مع ظهور الاستجابة الصحيحة. يتطلب ذلك حسن اختيار المعزز بما يتلاءم مع الفرد المستهدف أو مجموعة الأفراد المستهدفين، أعمارهم، درجة ذكائهم، المستوى الاجتماعي والاقتصادي، كما إنه يقدم بشكل فوري وبانتظام بعيداً عن العشوائية، كما يجري تقليل التعزيز بشكل تدريجي، أو الانتقال من التعزيز المادي إلى التعزيز الاجتماعي، أو الابقاء على الاجتماعي في حالة تطبيق النوعين وذلك لتحقيق استمرار السلوك المستهدف.

ومن الأمثلة على ذلك دراسة الين وآخرون (Allen and others, 1964) التي تعد من الدراسات الرائدة التي استخدمت التعزيز الموجب (الانتباه) وأثره في السلوك الاجتماعي لطفلة في الرابعة من عمرها، كانت في الحضانة، لا تتفاعل اجتماعياً مع الأطفال، ولكنها تقوم بسلوكات أخرى لتحضى بانتباه المعلمات.

استغرق خط الأساس الأول خمسة أيام قبل بدء العلاج، وفي اليوم السادس بدات خطة تنفيذ البرنامج، فطلبوا من المعلمات الانتباه إلى الطفلة عندما تقترب من الأطفال الآخرين، أو تحاول اللعب معهم، وتجاهلاً كاملاً عندما تلعب وحدها، أو تحاول الاقتراب من المعلمات. استمرت مرحلة العلاج ستة أيام، ازدادت اثناءها

نسبة تفاعل الطفلة مع الأطفال الآخرين إلى درجة كبيرة قياساً بالمرحلة التي سبقت فترة العلاج.

وقد وقّف الباحثون العلاج لمدة خمسة أيام (مرحلة خط الأساس الثاني) لمعرفة هل إن التغيير الذي حدث بسبب البرنامج بينت النتائج أن الطفلة قضت 10% من الوقت في التفاعل مع الأطفال في مرحلة خط الأساس الأول و40% من وقتها بالتفاعل مع المعلمات. إزدادت نسبة التفاعل في مرحلة العلاج الأول لتصل 60% من الوقت مع الأطفال وحوالي 20% من المعلمات. وفي مرحلة خط الأساس الثاني (مرحلة توقف العلاج) قلت نسبة تفاعل الطفلة مع الأطفال، وازدادت نسبة تفاعلها مع المعلمات. عاد ذلك فتغير في مرحلة العلاج الثانية، حيث ازداد تفاعلها مع الأطفال، وقل مع المعلمات.

ويدخل ضمن التعزيز الايجابي برامج التوفير الرمزي (Token Economy Programmes) وهي عبارة عن اعطاء الفرد معززات رمزية حال حدوث الاستجابة المرغوبة، كأن تكون كوبونات، بطاقات، نجوم، كارتات، عملة معدنية وما إلى ذلك، ويمكن أن يستبدل المعزز الرمزي بمعززات داعمة (Back up Reinforcers) كطعام، وشراب ولعب، وتذاكر (دخول سينما، مسرح، حديقة) أو نشاطات أخرى كالموسيقى، والرسم، والتمثيل وغيرها.

إن استخدام المعززات الرمزية سيعالج استخدام المعززات الغذائية والنشاطية التي قد تعرقل سير العملية التدريسية. إذ ليس مقبولاً أن نعزز التلميذ، وخاصة في المراحل المتأخرة بمعززات غذائية.

لقد استخدمت برامج التعزيز الرمزي بشكل واسع مع المعاقين عقلياً (Al.Dahir, 1987) وقد شاهد الكاتب خلال زيارته الميدانية، أن هذا البرنامج يطبق بشكل روتيني في مستشفى أيلي Illy Haspital في مدينة كاردف بويلز

الخاصة بالمعاقين عقلياً. ولم تقتصر هذه البرامج على المعاقين عقليا فقط، وإنما استخدمت كذلك مع العاديين (Drabman and Dleary, 1979, P 379) وقد ذكر درابمان واوليري (Drabman and Oleary, 1971) دراسات متعددة عن فاعلية برامج التوفير الرمزي في:

1- تنقيص مشاكل السلوك.

2- زيادة في السلوك الدراسي.

3- زيادة في الانجاز الاكاديمي.

4- زيادة في سلوكات أخرى كالحضور والمرافقة.

ومن الأمثلة على ذلك دراسة أبرامس (Abrams 1979) التي هدفت معرفة نظام التوفير الرمزي (Token Economy System) الذي يستخدم كتعزيز وعقاب في تحسين أهداف سلوكية محددة والانجاز القرائي للبنات المضطربات انفعالياً.

قيس التحصيل القرائي بالقراءة المنهجية من خلال مجموعتين، مجموعة تجريبية وأخرى ضابطة باختبار قبلي وبعدي. أما السلوكات المستهدفة فهي الإساءة للهيئة التعليمية للأقران، التشويه الذاتي، تكرار التسكع في الممرات. وقد قيست هذه السلوكات غير المرغوبة من خلال الملاحظة النظامية.

استخدم هذا البرنامج مع (80) بنتاً والذي اتبع نظام النقاط للحصول على الرموز وكيفية الحفاظ عليها. وقد علق المعلم قائمة بالسلوكات الاجتماعية المرغوبة على اللوحة الرسمية لكل صف.

توصل البحث إلى النتائج التالية:

1- أظهرت المجموعة التجريبية تفوقاً كبيراً في الانجاز القرائي بالقياس إلى المجموعة الضابطة من خلال الاختبار القبلي والبعدي.

2- بعد تطبيق هذا البرنامج أدى إلى:

أ- تناقص الاساءات بشكل كبير جداً مع الهيئة التعليمية والاقران وكذلك التشويه الذاتي.

ب- تناقص كبير في حالات التسكع.

ويمكن إلقاء الضوء بشكل كامل على برامج التوفير الرمزي من جميع جوانبه من خلال ما يأتي:

1- يـزود التلاميـذ الـذين يطبـق عليهم البرنـامج بمجموعـة مـن التعليمـات والقواعـد، توضح السـلوكات المستهدفة التي ستعزز.

2- تبين لهم كذلك وسائل استخدام المثيرات التي تسمى الرموز المشروطة بالسلوك المستهدف.

3- مجموعة من التعليمات في كيفية استبدال الرموز، وذلك من خلال وضع قائمة يظهر فيهـا عـدد النقـاط المحصلة والمواد التي يمكن أن يستبدل بها. فقد يحصل الفـرد عـلى لعبـة سـيارة بعشريـن نقطـة، أو لعبة أكبر بثلاثين نقطة وهكذا.

4- تقديم المعزز بشكل فوري بعد السلوك المستهدف بدون التأثير في استمرار الاستجابة، إذ أن أي تـأخير يقلل من فاعلية التعزيز، الأمر الذي قد يعطل تحقيق الأهداف.

5- أن يكون التعزيز منتظماً بعيداً عن العشوائية، لأن تعديل السلوك والعشوائية نقيضان، كما يفترض أن يكون التعزيز مقتصراً على السلوك المستهدف لأن استخدام التعزيز خارج نطاق السلوك المستهدف سيقلل من قيمته.

6- تزويد الفرد بعدد مناسب من الرموز للاستجابة الصحيحة، أو يفترض أن تكون المعززات الممنوحة، تتسم بالعقلانية، فلا يمنح الفرد أعداداً كبيرة يمكن استبدالها بمعززات داعمة كثيرة أو تكون قليلة جداً بحيث لا تمثل شيئاً بالنسبة للمعززات الداعمة.

7- ولأجل نجاح البرنامج، لابد أن تكون المعززات الداعمة كثيرة ومتنوعة لتلبي رغبات الأفراد، وخاصة عند تطبيق البرنامج مع مجموعات، ولكي نبعد كذلك حالة الاشباع.

8- يجب أن يكون الرمز ذا قيمة معروفة لدى المتعلم، كما يكون سهلاً للصرف، وللنقل إلى مكان الاستبدال، كما إنه مناسب لإعمار المتعلمين. وقد يكون استعمال العملات النقدية الحقيقية اكثر فاعلية عند تعليم التلاميذ الرياضيات أو المهارات الاقتصادية.

9- يمكن استخدام التعزيز الاجتماعي مع الرموز لتحقيق الاستجابة المطلوبة، وقد يكون التعزيز الاجتماعي في البيئة الطبيعية تغذية راجعة ايجابية أكثر من الرموز.

10- يفترض أن يكون التعزيز متواصلاً، وخاصة عند اكتساب التلميذ للاستجابة الصحيحة ثم الانتقال التدريجي الى التعزيز المتقطع لتحقيق استمرار السلوك المرغوب.

11- يتأثر نجاح البرنامج بعدد التلاميذ الذين يخضعون للبرنامج، عـدد المعلمـين الـذين يطبقـون البرنامج، عدد المشاكل المستهدفة، طبيعة المشاكل، مكان وزمان تطبيق البرنامج، القدرة الاقتصادية للمؤسسة التعليمية.

إذ قد يكون البرنامج مع فرد واحد أكثر احتمالاً للنجاح مـن مجموعـة، فقـد لا يستطيع جميع أفراد المجموعة تحقيق السلوك المطلوب، أو قد يشكل أحدهم ضغطاً نفسياً عـلى بعضـهم، وربما يفسد تلميذ أو تلميذان البرنامج. كما أن البرنامج يحتاج إلى التزام وصبر ودقة من المعلمين. وقـد يكون البرنامج مع معلم واحد أوفر حظاً من معلمين لذلك تكون برامج تعديل السلوك أكثر نجاحاً عنـدما تستخدم مـع المرحلة الابتدائية قياساً بالمرحلة الاعدادية والثانوية لأن عدد المدرسين في المرحلة الثانوية قد يصل إلى (12 مدرساً)، كما إن المشكلة الواحدة أوفر حظاً من تعدد المشكلات.

وإن المشكلة البسيطة أسهل للمعالجة من المشكلة المعقـدة، كـذلك فـإن المؤسسـة التعليميـة الكبيرة تساعد على نجاح البرنامج أكثر من المكان الضيق لضمانة توفير مكان استبدال المعززات بمعززات داعمة متنوعة. أضف إلى ذلك أن البرنامج يتوقف نجاحه على القدرة الاقتصادية.

12- وقد يكون من مساوئ برامج التوفير الرمزي، إنها تؤدي إلى ظهور سلوكات مصطنعة لغرض الحصـول على الرمز، وقد يرتبط السلوك المرغوب بوجود الرمز.

ومـن الدراسـات التـي اسـتخدمت المكافـآت الرمزيـة دراسـة أولـيري وبيكـر (Oleary and Becker,1976) اللذين استخدما التعزيز الرمزي لتغيير سلوكات غـير مرغوبة هـي الاعتداء عـلى الآخرين، الإجابة دون إذن، عدم التركيز، البكاء، الأكل في غرفة الصف، مضغ العلكة. درب طالبـان تـدريباً جيـداً لملاحظة التلاميذ الثمانية لفترة (40) دقيقة بواقع ثلاثة أيام في الأسبوع الواحد لتكوين خط الأساس.

وقد قام طالب ثالث ملاحظة السلوكات الآنفة الذكر للتأكد من المعلومات التي حصل عليها الطالبان. اشتملت التجربة على مرحلتين وهي مرحلة خط الأساس ومرحلة العلاج (AB) وفي مرحلة العلاج، أوضحت المعلمة التعليمات المراد تحقيقها للحصول على النقاط التي تحدد كمية الرموز، وهذه التعليمات هي حافظ على نظافة مقعدك، أنظر إلى الأمام، إفعل ما هو مطلوب منك.استمرت التجربة شهرين، استخدمت فيها معززات متنوعة تجنباً للاشباع، وقامت المعلمة بإعادة التعليمات كل يوم من أيام التعزيز الرمزي.

في الأيام الثلاثة الأولى، استبدلت المعززات الرمزية يومياً، وبعدها اصبحوا يستبدلونها مرة كل يومين، فمرة كل ثلاثة أيام – وهكذا أدى برنامج التعزيز الرمزي إلى تقليل السلوكات الشائكة لدى الأطفال الثمانية من (76%) اثناء مرحلة خط الأساس الى (10%) أثناء مرحلة التعزيز الرمزي.

التعزيز السلبي (Negative Reinforcement)

يتلخص التعزيز السلبي بإزالة المثيرات البغيضة من أجل زيادة السلوك المستهدف. المثال على ذلك عدم جلوس التلاميذ في أماكنهم حالة غير مرغوبة أو مثير بغيض، صياح المعلم يعد معززاً سلبياً يؤدي إلى جلوس التلاميذ في أماكنهم، أي نقصان عدم الجلوس في أماكنهم وزيادة الجلوس، فهو بهذا الحال، الوجه الآخر للتعزيز الايجابي. ولتوضيح الفرق بين التعزيز الايجابي والتعزيز السلبي في كونهما وجهان لعملة واحدة.

التعزيز الايجابي (كاستخدام المدح، الابتسامة) يؤدي إلى زيادة هدوء التلاميذ ونقصان التحدث الجهري. أما في حالة التعزيز السلبي (صياح المعلم مثلاً) يؤدي إلى نقصان التحدث الجهري، ومن ثم زيادة هدوء التلاميذ.

فلو رمزنا لهدوء التلاميذ = س

ورمزنا لتحدث التلاميذ الجهري = ص   فيكون..

التعزيز الايجابي   زيادة س   نقصان ص

التعزيز السلبي   نقصان ص   زيادة س

ولكن.. يجري التأكيد في برامج تعديل السلوك على التعزيز الايجابي أكثر مـن التعزيـز السـلبي، لـما ينطوي على الأخير من آثار جانبية.

فقد يؤدي إلى ظهور سلوكات ذات مرغوبية واطئة، كما قد يسبب سوء التكيف الاجتماعي، ومع كل ذلك، فإن التعزيز السلبي قد يكون أفضل مـن العقـاب بـالرغم مـن أن كليهما يستخدمان المثيرات البغيضة، إلا أن التعزيز السلبي يقوي السلوك المرغوب فيه بإزالة المثيرات غير المرغوبة فيها، بينما أسلوب العقاب يقلل أو يوقف السلوك من خلال تعريض الفرد لمثيرات غير مرغوب فيها، أو إزالة مثيرات مرغوب فيها بعد حدوث السلوك.

وفي هذا الصدد أورد كلارزيو ويلـون (Clarzio and Yelon) بعـض الأسباب لتفضيلهم أسلوب التعزيز السلبي على العقاب:

1- إن العقاب لا يؤدي إلى إزالة السلوك غير المرغوب، وإنما يقلله ويخففه وقد يكون بوقت أسرع.

2- لا يظهر خلال أسلوب العقاب السلوك الجيد، بينما يرتبط التعزيز السلبي بظهور السلوك الايجابي.

3- ربما يشكل السلوك العدواني للمعلم خلال استخدامه لأسلوب العقاب نموذجاً للعدوانية لذلك التلميذ.

4- قد تؤدي النتائج الانفعالية لأسلوب العقاب (كالخوف والضغط النفسي والانسحاب) الى سوء التكيف.

5- قد يكون العدوان مصدراً للاحباطات التي تؤدي إلى سوء التكيف. (Poteet, 1974)

ويمكن القول إن هناك ارتباطاً بين العقاب وخاصة البدني والسلوك العدواني. إذ قد يكون المعلم في بعض الأحيان سبباً في حدوث السلوك غير المرغوب فيه من حيث لا يدري، وفي نفس الوقت يحاسب التلميذ على ذلك، مما يجعل التلميذ يشعر بظلم مضاعف. ومن أمثلة ذلك عندما يكون وقوف المعلم على جانب واحد دون آخر، بحيث يكون قسم من التلاميذ محجوبين عنه. إن هذا الأمر سيفسح المجال أمام التلاميذ لكي يقوموا بسلوكات غير مرغوب فيها، كأن يتحدث أحدهم مع زميله أو يتكلم مع صديق له من نافذة الصف، النظر من النافذة، الخروج من المقعد أو القيام باعمال لا علاقة لها بالدرس، كأن يقرأ في كتاب خارجي أو مجلة أو يرسم أو يخط أو يكتب واجباً لدرس آخر إلى غيرها من الأعمال، وقد ينظر المعلم إليه صدفة فيعاقبه على ذلك، في الوقت الذي فسح له المجال لفعل ذلك. لذلك فإن التلميذ قد يحمل الألم الداخلي الذي لم يستطع التنفيس عنه خلال وجوده في الصف، فيعكسه في أغلب الأحيان بشكل سلوك عدواني على تلميذ آخر أصغر منه، أو العبث بموجودات الصف، أو ممتلكات الآخرين. وقد يحمل الألم الداخلي إلى خارج المدرسة فينفس عنه في الشارع أو في البيت.

ومن الدراسات التي استخدمت التعزيز السلبي دراسة بنيت وكنيدي (Bennet and Kennedy, 1980) التي هدفت علاج طفل في الثامنة في عمره. شخص على أنه معاق عوقاً شديداً يتقيأ باستمرار بعد الطعام. تلخص الاجراء باستخدام التعزيز السلبي وهو التوبيخ اللفظي من خلال استخدام لفظة (كلا) بشكل

شديد عندما يتقيأ والتعزيـز المغايـر للسـلوك الآخـر (Differential Rinforcement of Other Behaviour) تطلبت الدراسة عمل خط أساس لقياس المشكلة بشكل دقيق، وذلك من خلال ملاحظة الطفل ساعة بعد الفطــــــــور وســـــــاعة بعــــــــد الغـــــــذاء لمـــــــدة (12) جلسة. وعند حساب المعدل الحسابي لعدد مرات التقيؤ ظهر (3-5) مـرات. وتمثلـت المرحلـة الثانيـة (مرحلة التدخل) باستخدام التعزيز السـلبي أولاً والمتمثل بـالتوبيخ اللفظـي عنـد حـدوث التقيـؤ، وابقـاء الطفل في مكانة لمدة دقيقتين إلى ثلاث دقائق، وبعدها يحرك مسافة قصيرة مـن مكانـه. وكـذلك اسـتخدام التعزيز المغاير للسلوك الآخر وهو عدم التقيؤ حيث يجري تعزيزه بإعطاء قطعة من اللحم لمجموعـة مـن الفواصل الزمنية (بعد أن أكل نصف الطعام) وبشكل مشروط على عدم حدوث التقيؤ، ثم تزداد الفواصـل الزمنية دقيقة واحدة لتصل الى (10) دقائق. وبعدها تزداد الفواصل الزمنية دقيقتين. وكان الطفل في هـذه المرحلة يعانق ويمدح عندما لا يتقيأ.

اسفرت نتائج مرحلـة التـدخل التـي اسـتمرت (14) جلسـة إلى نقصـان التقيـؤ إلى أن وصـل إلى الصفر. وبعدها خرج الطفل من المستشفى وأعطي الوالدان التعليمات لأتباعها في البيت.

وفي دراسـة أخـرى، أجـرى اوليـري، كـوفمان، كـاس ودرابمـان (OLeary, Kaufman, Kass and Drabman, 1970) دراسة لمدة أربعة أشهر لمراحل أربعة (ABAB) علـى عينـة متكونـة مـن عشـرة أطفـال لخمسة صفوف بواقع طفلين لكل صف. شخص الأطفال على أنهم مشكلون سلوكياً.

في مرحلة خط الأساس الأول جرى قياس تكرارية السلوك المزعج للعينة المذكورة والتوبيخ العالي الذي استخدمه المعلمون.

في المرحلة الثانية مرحلة التدخل الأولى طلب من المعلمين استخدام التوبيخ الخفيف Soft) (Reprimand وهو أن يكون مسموعاً للطفل ذاته فقط بعد أن كان في المرحلة الأولى مسموعاً لمعظم الأطفال.

اسفرت نتائج هذه المرحلة نقصان السلوك المزعج لمعظم الأطفال في المرحلة الثالثة مرحلة توقف العلاج وهو الرجوع إلى التوبيخ العالي المسموع لمعظم الأطفال أدى إلى ازدياد السلوك المزعج ثانية.

في المرحلة الأخيرة (مرحلة التدخل الثانية) أعيد استخدام التوبيخ الخفيف الذي أدى إلى نقصان السلوك المزعج ثانية.

إن نقصان السلوك المزعج في مرحلة التدخل الأولى، وزيادته في مرحلة التوقف ثم نقصانه ثانية في مرحلة التدخل الثانية، يعطي الدليل القوي على أن التدخل هو السبب الحقيقي لنقصان السلوك المزعج، وليس لأسباب أخرى.

ضبط المثير (Stimulus Control)

يتمثل ضبط المثير بالسيطرة على السلوك من خلال التحكم بالمثيرات البيئية. وهذا يتطلب ملاحظة المثيرات التي تسبق الاستجابة غير المرغوبة وإبعادها، وجعل المثيرات التي تدعو إلى السلوك المرغوب ظاهرة بارزة وتعزيزها. ويستوجب تقديم التنبيه مع التعزيز لكي يتحقق السلوك المرغوب.

والخطوات الاتية توضح هذا الأسلوب (Karoly, 1980) :

1- لاحظ الارتباطات الوظيفية بين المثيرات التي تسبق السلوك والسلوك المراد اطفاؤه.

2- ابعد المثيرات التي تسبب السلوك غير المرغوب فيه بعد تعيينها فعندما يكون التلميذ (س) هـو المثيـر الذي جعل التلميذ (ص) يقوم بسلوك مرفوض، فيجب ابعاد التلميذ (س) .

3- اجعل المثيرات التي تسبب السلوك المرغوب واضحة وبارزة لتكون رسالة بشكل غير مباشر إلى الآخـرين لتحقيق الضبط.

4- لا تفرط في التحكم بالمثيرات، لأن تقديم التنبيه دون تعزيز يضعف من قدرته على استدعاء الاستجابة.

5- في حالة اختيار تنبيه اصطناعي كتنبيه بارز حاول ازالتـه بالتـدريج في البيئـة الطبيعيـة لتسـهيل عمليـة التعلم.

6- حاول تدريب الفرد على القيام بنفسه بالتحكم بالمثيرات البيئية.

المراجـع

- Abrams, M. Andrew. (1979). The efficacy of behaviour modification with emotional handicapped adolescent girls, **Dissertation Abstracts International**, 1979.

- Al-Dahir, K. A. (1987).A study of behaviour modification with special reference to mentally retarded children. **Un published**

  M ed Dissertation Cardiff, University College Cardiff.

- Allen, K. E., Hart, B. N., Ruell, J. S. Harris, F. R. and Wolf, M-M (1964). Effects of social reinforcement on isolate of mursery school child. **Child Devlopment**, 35, PP. 511-516.

- Bennett, D and Kennedy, J. F. (1980). Elimination of habitual vomiting Using DRO Procedure, **The Behaviour Therapist**, 3, PP. 16-18.

- Drabman, R and O'Leary, K. D. (1971). Token reinforcement programmes in the classroom. **Psychological Bulletin**, 75, 6, PP. 379-398.

- Karoly, P. (1980). Operant methods, In, F. H. Kanter and A. Goldstein, **helping people change**. NewYork: John Wiley Press.

- O'Leary, K. D. and Becker, W. C. (1976). Behaviour modification of the adjustment class: A token reinforcement programmes. **Exceptional Children**, 33, PP. 637-462.

- O'Leary, K., Kaufman, K., Kass, R and Drabman, R. (1970). The effects of loud and soft reprimands on the behaviour of disruptive students. **Exceptional Children**, Vol, 37 October, PP. 145-155.

- Poteet, J. A. (1974) .**Behaviour modification: A particular guide for teacher.** London: London University Press.

الفصل العاشر

تنقيص السلوكيات غير المرغوبة

- الإطفاء
- تجاهل السلوك غير المرغوب فيه وتعزيز نقيضه.
- تكلفة الاستجابة.
- الإبعاد المؤقت.
- التصحيح المفرط.
- الإشباع
- الممارسة السلبية.
- الاستمرارية والتعميم.

تنقيص السلوكات غير المرغوبة

الإطفاء (Extinction)

يستند هذا الأسلوب إلى أن السلوك الذي لا يعزز يضعف، وقد يتوقف نهائياً بعد فترة زمنية معينة. فهو يتركز على تجاهل الاستجابات غير المرغوبة بدون اللجوء إلى استخدام مثيرات منفرة. وهذا لا يعني التوقف عن التعزيز الايجابي بل يعزز السلوك المرغوب فيه في الوقت نفسه.

يتطلب هذا الأسلوب تعيين المنبه المعزز والمسبب للاستجابة غير المرغوبة لإزالته، واختيار الأسلوب المناسب، لأن الأسلوب غير الدقيق قد يحدث ظهور استجابات مختلفة كالعدوان والغضب وهي ما يصفها هيوارد (Heward, t al. 1979) العدوان الناتج عن الإطفاء (Extinction Induced Aggression) وقد تكون هذه السلوكات موجهة للمعلم (أو المعالج) أو نحو الذات أو نحو الآخرين.

ولكي يكون الاطفاء فاعلاً، يفضل أن يشترك مع المعلم (أو المعالج) من يتفاعل مع الفرد المستهدف (كالوالدين والأقران).

إن هذا الأسلوب يستلزم وقتاً كافياً لإطفاء السلوك غير المرغوب فيه، فهو لا يحدث بشكل فوري، وقد يزيد الإطفاء، في بعض الأحيان، السلوك غير المرغوب في البداية. ولكن استمراريته كفيل بإطفاء السلوك المستهدف.

يقول والكروشيا (Walker and Shea, 1984) في هذا الصدد (يكون الإطفاء فاعلاً إذا اتصف بالانتظام والاستمرارية).

وقد ذكر دافيدوف (1992) في كتابه مدخل في علم النفس أن بعض علماء النفس يصنفون الإطفاء على أنه عقاب - إلا أنه يمكن بسهولة التمييز بين الأسلوبين، حيث إن الإطفاء يحدث عندما يزال معزز معين يعمل على استمرارية الاستجابة التي يتم استبعادها. بينما يحدث العقاب عندما يزال أي معزز آخر. كما أن السلوك غير المرغوب فيه يضعف في أسلوب الإطفاء ليصل إلى معدله قبل حدوث الاشتراط، بينما لا يحتاج السلوك المعاقب سلبياً إلا لانخفاض في تكرار حدوثه.

ويمكن استخدام هذا الأسلوب لإطفاء كثير من السلوكات المتعلمة بشكل خاطئ عن طريق الآباء والمعلمين والأقران.

فالأم على سبيل المثال قد تشجع طفلها على البكاء من حيث لا تدري فعندما لا تستجيب الأم لما يريده الطفل، يلجأ إلى البكاء الذي يدفعها بسرعة إلى تلبية ما يطلبه، فتكون نتائج البكاء بالنسبة للطفل مفرحة. وقد يتخذ البكاء وسيلة لتحقيق مطالبة.

ولتقليل أو إطفاء بكاء الطفل يكون من خلال عدم الاستجابة إلى بكائه، وتركه إلى أن يدرك أن البكاء غير مجدٍ لتحقيق ما يريد، فيتجنبه لأن نتائجه أصبحت غير مفرحة.

ولابد من الإشارة بأنه لا يجوز ترك الطفل يبكي في حالات المرض أو الجوع أو الوساخة، ويمكن في غير ذلك.

تجاهل السلوك غير المرغوب فيه وتعزيز نقيضه

(Ignoring Inappropriate Behaviour and Reinforcement of Incompatible Behaviour)

يتلخص هذا الأسلوب بتجاهل السلوك غير المرغوب فيه وتعزيز نقيضه. والمثال على ذلك، إن التلميذ غالباً ما يريد جذب انتباه المعلم، وقد يقوم بحركة غير مرغوبة، كأن يضرب على الطاولة، أو يضرب زميله، أو أي حركة أخرى لأجل جذب الانتباه. إن تجاهل هذا السلوك يؤدي إلى إطفاءه، ولكن في ذات الوقت يجري تعزيز التلميذ لسلوك مرغوب، وكلما قصر الوقت بين السلوكين كلما كان فاعلاً. ويرى الكاتب أنه ليس بالضرورة أن يكون التعزيز للسلوك المغاير للتلميذ نفسه ، وإنما لواحد آخر وخصوصا القريب منه، ليكون رسالة للتلميذ المستهدف على أن هذا السلوك هو الذي يعزز.

وقد ذكر هاروب (Harrop, 1983) إحدى التجارب التي استخدمت هذا الأسلوب مع طفل بعمر (8) سنوات، اتصف بأنه مشكل سلوكياً حيث كان مصدر إزعاج للتلاميذ والمعلمات على حد سواء، فكان يعتدي ويسخر ويقاطع ويعرقل عمل أقرانه والمعلمة.

تطلبت التجربة عمل خط أساس لقياس السلوكات الشائكة للطفل المذكور، استمرت هذه المرحلة ثمانية أيام.

ومرحلة التدخل التي تلخصت بتجاهل السلوك غير المرغوب فيه قدر الإمكان، وتعزيز نقيضه.

أسفرت نتائج التجربة التي استمرت أربعة أسابيع على تحسن سلوك التلميذ بشكل كبير، حيث ابتعد عن جميع السلوكات الشائكة.

التعزيز التفاضلي للسلوك الآخر(Differential Reinforcement of Other Behavior) (DRO)

يهدف هذا الأسلوب إلى تنقيص السلوكات الشائكة ، ويتمثل بتعزيز الطفل عندما لا يظهر السلوك غير المرغوب فيه، لذلك يطلق عليه التعزيز التفاضلي للمعدلات الصفرية للسلوك (Differential Reinforcement of Zero Rates of Behavior) أي أنك تعزز عند غياب السلوك غير المقبول في نهاية فترة محددة ، وهذا يقدر بالنظر إلى متغيرات متعددة كالسلوك المراد تنقيصه ، العمر الزمني للطفل ،سماته الشخصية . يمكن أن يستخدم هذا الأسلوب مع طفل بذاته أو مجموعة من الأطفال أو الصف بأكمله، ولكن سبق أن قلنا أن تطبيق أساليب تعديل السلوك مع طفل واحد أكثر فاعليه من تطبيقه مع مجموعة . على سبيل المثال الخروج من المقعد ، يمكن للمعلم أو المعالج أن يقرر الفترة الزمنية بعد عمل خط الأساس (Baseline)ب (10) دقائق. أو يعطي المعلم الطفل الذي يكف عن الاعتداء على الآخرين لمدة (15) دقيقة، وهذه تحدد بعد عمل خط الأساس .او يعطى الطفل الذي لديه تأتأة التعزيز عند مشاركته أقرانه في النشيد لمدة خمس دقائق أو أقل .

يتميز هذا الأسلوب بسهولة تطبيقه من قبل المعلم أو المدرب أو حتى ولي الأمر،كما يمكن تقسيم الفترة الزمنية لغياب السلوك غير المرغوب فيه بشكل تدريجي فإذا كان الهدف هو بقاء التلميذ في مقعده لمدة (20) دقيقة فإننا يمكن أن نبدأ بخمس دقائق وبعد تحقيقها ، نزيد الفترة إلى عشر دقائق أو أقل ، وهذا يعتمد على المتغيرات التي ذكرت سابقا ، وعندما نحقق ذلك نزيد الفترة الزمنية وهكذا إلى أن نحقق السلوك المستهدف وهو بقاء الطفل في مقعدة لمدة (20) دقيقة . ولكن لنفرض ان الطفل قام بسلوكات أخرى غير مرغوب فيها كالصراخ الشديد مع التزامه بالبقاء في المقعد ، ويمكن للمعلم أن يحجب التعزيز عنه لفترة معينة يقدرها

أو ينقص من التعزيز إذا كان ماديا أو غذائيا ، أو يجرب تجاهله إذا كان غير مؤثر على بقية التلاميذ .

التعزيـز التفاضـلي للسـلوك ذي المعـدل الـواطئ (Differential Reinforcement of Lower Rates of (DRL) Behavior)

ويتلخص هذا الأسلوب بتعزيز الطفل عندما يقلل من السلوك غير المرغوب فيه لأقل معدل ممكن . فالطفل الذي اعتاد الخطأ مرات عديدة في الحصة يكافأ عندما يقل معدل أخطاؤه عن الوسط الحسابي لخط الأساس ، أو يعزز الطفل الذي يقلل من الاعتداء على الآخرين من عشر- مرات إلى خمس مرات، وكذلك يعزز الطفل الذي يقلل من عدد المرات التي يحذف فيها الحروف أو يبدلها ، أو يتأتأ فيها .

تكلفة الاستجابة (Response Cost)

يظهر من خلال التسمية أن التلميذ سيفقد شيئاً أو سيكلفه السلوك غير المرغوب فيه فقدان كمية معينة من المعززات.

ويعد من أكثر الأساليب شهرة واستخداماً وخاصة مع الراشدين. يراها سولزر ومايير (Sulzer and Mayer, 1977) على أنه سحب كمية من المعززات بشكل مشروط لسلوك غير مرغوب فيه، أو سحب عدد معين من الرموز أو فرض غرامة، أو قطع من الراتب لسلوك غير مرغوب فيه.

تتخذ تكلفة الاستجابة أحد الأشكال الآتية:

أ- هو أن يعطي الفرد نقاط بشكل غير مشروط في بداية اليوم، أو في بداية الدرس، وبعدها يفقد نقاط عند حدوث السلوك غير المرغوب فيه والمراد تجنبه.

ب- تستخدم ضمن سياق برامج التوفير الرمزي (Token Economy Programmes)

ج- يعطي كل فرد ضمن المجموعة نقاط للسلوك غير المرغوب فيه والمستهدف تغيره. وستكون المجموعة التي لديها أقل النقاط في النهاية امتيازات محددة.

وقد عدت تكلفة الاستجابة شكلاً من أشكال العقاب، لكنها تختلف عنه حيث إن العقاب يتطلب استخدام مثير مؤلم لتقليل معدل السلوكات غير المرغوبة، وليس سحب معززات كما هو الحال بالنسبة لتكلفة الاستجابة، فمثلاً عند عراك أحد التلاميذ تلميذاً آخر. فإنه وفق تكلفة الاستجابة قد يخسر ـ عدد من المعززات، أو يغرم بنقاط، بينما في العقاب قد يصفح، ويكون تأثير الأولى أقل بكثير من تأثير الثانية في النفس وأبعادها في بناء شخصية الفرد.

وعند المقارنة بين العقاب وتكلفة الاستجابة، نجد أن نتائج العقاب هو القمع المؤقت للسلوك في أكثر الأحيان، وخاصة عندما يستخدم العقاب دون ثواب مع السلوك المرغوب، بينما تؤدي تكلفة الاستجابة إزالة السلوك غير المرغوب فيه وغالباً ما يستمر.

كما أن العقاب لا يقود إلى الاستجابة الصحيحة وإنما يشير إلى واحدة من السلوكات الخاطئة، في حين تقود تكلفة الاستجابة إلى السلوك المرغوب فيه. إن العقاب قد يعرقل عملية التعلم، وقد يخلق بعض السلوكات غير المرغوبة كالغضب والصراخ والأساليب الدفاعية، بينما استخدم أسلوب تكلفة الاستجابة كعلاج للسلوك الأكاديمي السلبي.

وقد يولد العقاب العدوان، أو قد يكون نموذجاً للسلوك العدواني، في حين أن تكلفة الاستجابة تساعد على ضبط النفس، واتخاذ القرارات الذاتية، وتحمل المسؤولية.

ويمكن للعقاب أن يغرس في النفس الصرامة والشدة والصلف، الأمر الذي لا يحدث في تكلفة الاستجابة.

أضف إلى ذلك فإن وقع تكلفة الاستجابة ليس شديداً على النفس كما هو الحال بالنسبة لأسلوب العقاب.

ويمكن تلخيص تكلفة الاستجابة من خلال النقاط التالية (كارولي) (Karoly, 1980) :

أ- تسحب المعززات عند ظهور السلوك غير المرغوب بشكل فوري.

ب- الاستمرار في التعزيز الايجابي للاستجابات المرغوبة.

ج- يجب أن تكون المعززات المسحوبة ذات قيمة في نظر التلميذ.

د- نظم طريقة الحصول على المعززات وفقدانها بشكل مقبول بحيث لا تسحب مرة واحدة، أو في جلسة واحدة، وفي نفس الوقت. ولا يكون السحب ضئيلاً الى الحد الذي لا يلاحظ.

هـ- عند استخدام سحب المعززات والنقد الكلامي يمكن العمل على تلاشي سحب المعززات تدريجياً، والسيطرة على الاستجابة غير المرغوبة بالتوجيه الكلامي فقط.

يتميز إجراء تكلفة الاستجابة بانه يبتعد عن العقاب الجسدي، ولا يستغرق وقتاً طويلاً في تنقيص السلوك غير المرغوب، كذلك سهولته في التطبيق الفوري.

لقد استخدمت تكلفة الاستجابة بشكل كبير وواسع وبأشكال مختلفة وبأرضية واسعة، حيث يمكن أن تطبق في إطار المؤسسات التعليمية والطبية والمعامل والمتاجر والدوائر والشركات وغيرها من أماكن العمل.

ويمكن للمعلم في إطار الصف، على سبيل المثال، أن يستخدمه بشكل بسيط من خلال تخصيص درجة للسلوك، كأن تكون 20% من الدرجة الكلية خلال الفصل الأول ومثلها خلال الفصل الثاني. ويجري خصم درجة أو نصف درجة للسلوك غير المرغوب، أو درجة واحدة لعدد من الاستجابات غير المرغوبة، كأن تكون اثنتان أو ثلاثة أو أربعة أو أكثر، وهذا ما يحدده المعلم وفق متغيرات كثيرة كالعمر الزمني، المستوى التعليمي، المادة التدريسية، طبيعة التلاميذ وظروفهم الخاصة، قوانين المدرسة، النفس العام للمدرسة.. إلى غيرها وأخيراً لابد من الإشارة إن هذا الإجراء لا يخلو من سلبيات اذا لم يطبق بشكل دقيق ومتوازن، وإلا قد يؤدي إلى سلوكات مرفوضة، كالعدوانية والغضب والهروب من المدرسة.

ومن التجارب التي استخدمت فيها أسلوب تكلفة الاستجابة خارج نطاق المؤسسات التعليمية تجربة مارهولن وكراي (Marholin and Gray, 1976) لمعالجة النقص الحاصل في المبالغ النقدية للمبيعات في أحد المطاعم الكبيرة. كان عدد المحاسبين (أمناء الصندوق) في هذا المطعم ستة أفراد.

استخدم تصميم ABAB في هذه التجربة :

1- في المرحلة الأولى: (مرحلة خط الأساس الأولى) التي استمرت خمسة أيام. تبين أن معدل النقص الحاصل في المبالغ (9%).

2- في المرحلة الثانية: (مرحلة التدخل الأولى) التي استخدم فيها تكلفة الاستجابة، وتتمثل في تحذير صاحب المطعم للمحاسبين، بأن أي نقص يكون بنسبة 1% أو يزيد، سوف يقسم ذلك النقص على المحاسبين الستة، ويقطع من رواتبهم لذلك اليوم.

أسفرت نتيجة هذا الإجراء عن تضاؤل النقص في اليوم الثاني لأقل من (1%)، واستمر ذلك لمدة عشرين يوماً.

3- المرحلة الثالثة: (مرحلة التوقف عن الإجراء) ازدادت نسبة النقص الحاصل في المبالغ النقدية للمبيعات لتصل إلى نسبة (4.5%)

4- المرحلة الرابعة: (مرحلة التطبيق الثانية للإجراء) تناقصت نسبة النقص في هذه المرحلة لتصل أقل من المعدل الذي أشرنا إليه سابقاً وهو (1%).

الأبعاد المؤقت (Time out)

السلوك متعلم سواء كان مقبولاً أم غير مقبول (سوياً أو غير سوي). وكثيراً ما تحدث سلوكات غير مقبولة في إطار الصف قد تكون، على سبيل المثال، تعزيز الأقران لسلوك غير مقبول لتلميذ ما، عن طريق استحسانهم أو الابتسامة له، أو النظر إليه، وربما لا تكون هذه الاستجابات مقصودة، وقد لا يستطيع المعلم في هذه الحالة منع استجابات التلاميذ لسلوك التلميذ غير المقبول.

فيلجأ إلى إبعاده عنهم لفترة محدودة (كأن تكون خمس دقائق أو حواليها). شريطة أن يكون الإبعاد عقوبة لأنه في بعض الأحيان يكون مكافأة وليس عقوبة.

فعندما يكون الصف غنياً بالفعاليات والنشاطات والوسائل، ويرغب التلميذ في البقاء داخل الصف، فإن إبعاده في هذا الحال يكون عقوبة على سلوكه غير المقبول.

وقد لا يكون الإبعاد إخراج التلميذ من الصف، وإنما إبعاده داخل الصف من المشاركة فيما يحب من فعاليات وانشطة.

ويكون الأبعاد المؤقت أحد الأشكال الآتية (لويلين Lewellen) في (Walker and Shea, 1984) :

(أ) الأبعاد لغرض الملاحظة (Observations time out)

وهو أن يسحب الفرد من البيئة المعززة ليوضع خارج مكان الفعالية او النشاط، ورأسه أسفل إلى المنضدة، وإزالة كل المواد التي يمكن أن تسترعى انتباهه إزالة أو تنقيص الضوء. ثم يلاحظ السلوك المقبول الذي يقوم به اقرانه.

(ب) الإقصاء (Exclusion)

ويتلخص هذا الإجراء بأن يترك التلميذ المكان المرغوب فيه (المكان المعزز) إلى مكان آخر خال من التعزيز (غير مرغوب فيه) داخل الصف، ولا يسمح للتلميذ مراقبة أقرانه، كأن يوضع ستار بينه وبين زملائه لا يسمح بالاتصال البصري.

كما يفترض أن يتجنب المشرف خلال فترة الإقصاء التواصل مع الطفل كالحديث معه، أو تهديده أو إرشاده . وإذا رفض الطفل الذهاب إلى غرفة الإقصاء نزد من فترة الإقصاء دقيقة مثلا لكل رفض إلى حد خمس دقائق . واذا أحدث فوضى في غرفة الإقصاء فعليه ترتيب الغرفة إلى ما كانت عليه قبل الإقصاء قبل إرجاعه إلى الصف ، كما يفترض القيام بالمهمات التي فاتته لكي نتجنب من اتخاذ الإقصاء كوسيلة للتهرب من الواجبات .

(ج) العزل (Seclusion)

وهو أن يؤخذ التلميذ إلى غرفة معزولة عن أقرانه ليبقى فيها لوحده فترة محدودة من الزمن، على أن تكون خالية من المعززات. ولابد من الإشارة إلى أن هذا الإجراء يتطلب معرفة خصائص الطفل أولاً قبل تطبيقه، فقد يكون الإبعاد مكافأة للتلميذ المنسحب والمنطوي، والسلبي غير الفعال، والمنفرد عن الآخرين، كما يجب أن يطبق هذا الإجراء باتساق وانتظام.

ويكون الإجراء الأخير بعد استنفاذ كل الإجراءات الأخرى التي باءت بالفشل للحد من السلوك الشائك ، ويفضل أخذ موافقة ولي الأمر .

ويفترض أن يعرف التلاميذ أحكام تطبيق هذا الإجراء من خلال توصيتهم بالسلوكات غير المرغوبة التي يطبق عليها الإجراء. وعلى المعلم أن يتجنب تلاقي العيون عند تطبيق الإبعاد عن المهمة ، وعليه أن يبعد جميع المعززات عن المكان المعاقب فيه ، ولا يستخدم الابعاد المتقطع إذ يفترض أن يكون الإبعاد في جدول مستمر لكل استجابة غير مرغوب فيها من السلوك المستهدف .

وقد يجرى تقييم سلوك التلميذ خلال المراحل الثلاث، قبل تطبيق البرنامج وخلالها، وبعدها لمعرفة مدى فاعلية أو عدم فاعلية هذا الإجراء.

جدول (5)

يوضح السلوك قبل الإبعاد وخلاله وبعد الإبعاد

سجل صحيفة الإبعاد (1)

اسم التلميذ ....

المشرف   ....

التاريخ   ....

السلوك			الوقت	
بعد الإبعاد	خلال الإبعاد	قبل الإبعاد	الخروج	الدخول

المصدر: والكر و شيا Walker and Shea, 1984, P. 104

ويمكن تلخيص النقاط التي يجب أن ينظر إليها عند استخدام هذا الأسلوب، وهي:

أ- استمرار التعزيز الايجابي للاستجابة المرغوب فيها.

ب- يفترض أن يكون مكان الإبعاد خالياً من المعززات.

ج- يفضل أن تكون فترة الإبعاد محدودة (خمس دقائق وحواليها) وهناك من اقترح أن تكون الفترة بـين (2-10) دقائق.يراعى في ذلك عمر الطفل .

د- أن يكون مكان الإبعاد قريبا ، كما يفضل مراقبة سلوك التلميذ في فترة الإبعاد عـن طريـق شـخص آخـر كأن يكون أحد الإداريين أو المساعدين أو أحد التلاميذ الكبار.

هـ- يجب تحذير التلميذ قبل الشروع بأبعاده ليعرف بعد ذلك سبب الإبعاد.

و- التسلح بالهدوء وتجنب الانفعال خلال تطبيق هذا الإجراء، لأنه ربما يكون الانفعـال بحـد ذاتـه عامـلاً مساعداً على السلوك السيئ.

ز- تجنب الدخول في جدل ونقاش مع التلميذ، وإنما ينبغي تذكيره بسلوكه السيئ.

ومن الدراسات التي استخدمت أسلوب الأبعاد المؤقت دراسة كازدن ورفاقه (Kazdin and Others, 1976) على عينة متكونة من ثلاثة أطفال تميزوا بالسلوك الفوضوي داخل الصف، ومـن ضـمن هذه السلوكات العدوانية، الشتم، الخروج من المقعد بدون إذن.

استخدم الإبعاد المؤقت لفترة عشر دقائق لعلاج هؤلاء الأطفال.

توصلت الدراسة إلى النتائج التالية:

انخفاض نسبة السلوك العدواني للأطفال من (2.8%) إلى (0.37%) أما الخروج من المقعد فقد انخفض من (34%) إلى (11%) .

وفي هذا السياق أجرى أوليري ورفاقه (Oleary and others, 1977) دراسة مستخدمين أسلوب الإبعاد المؤقت لتعديل السلوك العدواني داخل إطار الصف لثمانية أطفال من الصف السابع تميزوا بالسلوك العدواني. اختيرت هذه العينة من (23) شعبة تمثل مدرستين ابتدائيتين.

شملت الدراسة مرحلة خط الأساس التي تمثلت بملاحظة العينة المذكورة داخل الصف وفي ملاعب المدرسة.

استخدم الباحثون قائمة الشطب للمشاكل السلوكية (Behaviour Problem Checklist)

أما مرحلة التدخل، فتمثلت بأبعاد التلميذ عن المكان المعزز (المرغوب فيه) لأي سلوك عدواني يبديه لفترة محدودة.

أسفرت نتائج التجربة التي استمرت ثمانية أشهر إلى انخفاض نسبة العدوانية من (1.96%) إلى (0.48%).

التصحيح المفرط (الزائد)   (Overcorrection)

هو إعادة إصلاح ما أفسد نتيجة لسلوك غير مقبول، لوضع افضل مما كان عليه، فمثلاً عندما يكتب التلميذ على جدار الصف بعض الكلمات فعليه أن ينظف الجدران جميعاً. كذلك عندما يسئ أحد التلاميذ إلى آخر، فيطلب منه أن يعتذر ليس فقط للتلميذ الذي اعتدى عليه وإنما لكل تلاميذ الصف.

يهدف أسلوب التصحيح المفرط إلى:

أ-   تقليل أو إطفاء السلوك غير المرغوب فيه.

ب- تربية الفرد على تحمل المسؤولية لأفعاله.

ج- تدريب عملي لتعليم الاستجابة الصحيحة في المواطن التي يسيء الفرد التصرف بها.

يتطلب هذا الأسلوب تطبيقاً مناسباً ومعقولاً، حيث أنه من غير المعقول أن يسأل المعلم التلميذ الذي أفسد منضدته أن يقوم بتنظيف جميع المناضد خلال الدرس.

يفضل أن يطبق هذا الأسلوب مع الأفراد القادرين على فهم أبعاده التربوية، وعدم اتباعه إلى حد الإرهاق لكي لا يفقد قيمة التربوية، وأن تكون فترة التصحيح قصيرة قدر الإمكان وخاصة مع صغار السن.

على سبيل المثال، اجرى ازرين وويسولويسكي (Azrin and Wesolowski, 1974) دراسة لايقاف السرقة عند مجموعة من التلاميذ المعاقين عقلياً. بلغ عددهم (34) فرداً. استخدم التصحيح البسيط في بادئ الأمر، وهو الطلب من السارق إعادة من سرقه إلى صاحبه. استمر هذا الإجراء خمسة أيام، فتوصلاً إلى أن معدل السرقات نقص حوالي (20) مرة في اليوم الواحد، ثم استخدم الباحثان التصحيح المفرط في اليوم السادس من خلال توبيخ السارق وإعادة ما سرقه إلى صاحبه، والتوقف عن تناول الطعام وإحضار مأكولات إضافية للشخص الذي سرق منه طعامه ووضعها أمامه.

لقد كانت نتيجة هذا الإجراء هو توقف السرقة تماماً.

يتسم هذا الإجراء بأنه تعليمي وتربوي وهو أخف وطأة على النفس من العقوبة ومساوئها، وقد يسبب تغييراً سريعاً في السلوك المراد تجنبه. يتطلب هذا الإجراء كما يشير إلى ذلك سولزر ومايير (Sulzer and Mayer, 1977) إلى أن يكون

التطبيق فورياً (إذا كان الجو ملائماً) وبانتظام، ولا يستخدم التعزيز في فترة التصحيح المفرط، كما لا يكون هناك توقف خلال فترة التصحيح. وأخيراً لابد من الإشارة إلى أن التطبيق هذا الإجراء يكون على السلوك السيئ وإلا قد يشكل أسلوباً تعسفياً عقابياً.

الإشباع (Satiation)

يتلخص هذا الأسلوب بمعالجة السلوك غير المرغوب فيه من خلال تكراره المستمر، لأن تكرار التنبيه التعزيزي بشكل مستمر ومكثف يؤدي إلى الملل الذي يفقده خاصيته التعزيزية. أي أن التكرار المستمر للسلوك يؤدي إلى اختفاء ايجابيته لتحل محله السلبية نتيجة للاشباع.

ويعد ايلون (Ayllon) من أشهر المختصين الذين استخدموا أسلوب الإشباع.

ومن الأمثلة على ذلك، معالجة إحدى الطالبات، التي درسها الكاتب برامج تعديل السلوك في مرحلة الدبلوم العالي، زوجها الذي كان يشتكي من قلة الطعام، المقدم وعدم تنوعه.

استخدمت الطالبة هذا الأسلوب من خلال تقديم الطعام الكثير المتنوع مع مطالبته بالحاح أن يأكل بشكل كبير بما يتناسب مع كمية ونوع الأطعمة المقدمة. طبقت ذلك يومياً بلا انقطاع إلى أن وصل إلى حد الإشباع، الأمر الذي جعله يشتكي من كثرة الطعام وتنوعه. وبعد هذه المرحلة، بدأت الزوجة تقلل من الطعام كماً ونوعاً وبشكل تدريجي إلى أن وصلت تقريباً إلى الحالة التي كانت عليها قبل تطبيق هذا الإجراء.

وبعد متابعة لمدة شهرين (وقت تقديم ورقتها) لم تسمع منه أي شكوى حول الطعام المقدم.

وقد استخدم في علاج التدخين اسلوب التدخين السريع كأحد الأشكال الذي يؤدي إلى الإشباع. افادت التقارير إلى نجاح هذا الأسلوب في الكف عن التدخين، فأشار سكموهل وآخرون (Schmahl and others, 1972) إلى نجاح هذه الطريقة بنسبة 100% بامتناع الأشخاص الذين خضعوا للتجربة عن التدخين مباشرة بعد انتهاء العلاج، كما أن 60% من الأشخاص المعالجين ظلوا في حالة كف عن التدخين خلال متابعة مدتها (6) أشهر.

وقد ذكر والكر وشيا (Walker and Shea, 1984) أحد الأمثلة على استخدام أسلوب الإشباع في إطار الصف لتنقيص سلوك غير مرغوب فيه لطفل والمتمثل بأخذ أوراق من حقائب أقرانه ومعلميه دون أخذ موافقتهم والذي يعد شكلاً من أشكال السرقة.

استخدم مع الطفل شتى الطرق لكفه عن هذا السلوك كالتوبيخ والنصائح من قبل الوالدين والمعلم والأخصائي النفسي، لكنها لم تجد نفعاً. وبعدها نصح الأخصائي النفسي استخدام أسلوب الإشباع مع الطفل متبعاً جدول التعزيز الثابت (Fixed Reinforcement schedule)

يتمثل هذا الإجراء بإعطاء الطفل ثلاث أوراق كل أربع دقائق، وبشكل مستمر من بداية اليوم الدراسي.

استمر هذا الإجراء يوماً بعد يوم إلى أن وصل الطفل إلى حد الإشباع، وفقدت الأوراق قيمتها. وبعدها بدأ الطفل يخبر المعلم بأنه لا يحتاج أي ورقة، لأنه يمتلك من الأوراق ما يكفيه لحل الواجب للأشهر الستة المقبلة.

أسفرت نتائج التجربة عن نقصان السلوك غير المرغوب فيه بشكل سريع.

الممارسة السلبية   (Negative Practice)

وهو أحد الأساليب المتبعة لتنقيص أو إطفاء سلوك غير مرغوب فيه. وقد يكون أسلوبا فاعلاً لعلاج بعض السلوكات، وخاصة الحركات اللاإرادية كرمش الجفون، صك الأسنان، قرض الأظافر، تحريك الرأس أو أي جزء آخر من الجسم.

يتلخص هذا الأسلوب بالطلب من الفرد أن يكرر ذلك السلوك السلبي بشكل سريع ومستمر وبأقصى قدر ممكن إلى أن يصيبه الإعياء أو التعب أو الملل. وبتكرار ذلك يمكن أن نقلل أو نطفئ السلوك غير المرغوب فيه.

يجرى تطبيق هذا الأسلوب عندما يتعلق السلوك غير المرغوب فيه بالفرد نفسه، فلا يمكن مثلاً أن نتبع هذا الأسلوب في مشكلة الاعتداء على الآخرين، ولكن يمكن استخدامه في الحالات التي سبق ذكرها وما شابهها.

يتوقف نجاح هذا الأسلوب على الدقة في التطبيق ومدى تجاوب الفرد مع المعالج، كما يحتاج إلى متابعة مستمرة، وكذلك على الوقت المطلوب لتحقيق حالة التعب والإعياء، وهذا يتعلق بالفرد وقدرته ومدى تحمله، وطبيعة السلوك المراد معالجته.

ومن الأمثلة على ذلك، معالجة طفل بعمر (13) سنة في مدينة الزاوية من خلال اتفاق الكاتب مع إحدى الطالبات اللواتي درسن برامج تعديل السلوك، على استخدام أسلوب الممارسة السلبية لمعالجة سلوك غير مرغوب فيه والمتمثل برمش الجفون بشكل مستمر تطلبت التجربة ثلاث مراحل.

المرحلة الأولى، تمثلت بعمل خط أساس (Baseline) لمدة سبعة أيام لمعرفة تكرارية السلوك بشكل دقيق. جرى قياس السلوك بإتباع طريقة العينات

الزمنية (Time Sampling Recording) كانت المرحلة لمرات أربع في اليوم الواحد على مدى ساعة واحدة ولدقيقة واحدة للمرة الواحدة لكل ربع ساعة.

المرحلة الثانية: تمثلت بتطبيق الإجراء وهو أن يقوم الطفل برمش عينيه بسرعة، والطلب منه بزيادة السرعة لتصل إلى أقصى درجة ممكنة لوقت أقصاه خمس دقائق. وهو الزمن الأقصى ـ لحدوث التعب والإرهاق بالنسبة للطفل. وبعدها يرتاح لمدة خمس دقائق وتعاد الطريقة عدة مرات، ويعطى الطفل خمس دقائق راحة بعد كل مرة على مدى ساعة واحدة لمرات ثلاث في الأسبوع.

استغرقت فترة العلاج ثلاثة أسابيع.

أظهرت النتائج تناقص رمش الجفون بشكل واضح من خلال استخدام نفس الطريقة السابقة في قياس السلوك.

المرحلة الثالثة: وهي مرحلة المتابعة التي استمرت شهراً لوحظ السلوك بنفس الطريقة السابقة وهي دقيقة واحدة لكل ربع ساعة على مدى ساعة واحدة. ولكن كل خمس أيام.

والشكل البياني التالي يوضح ذلك.

شكل (10) يبين مراحل التجربة

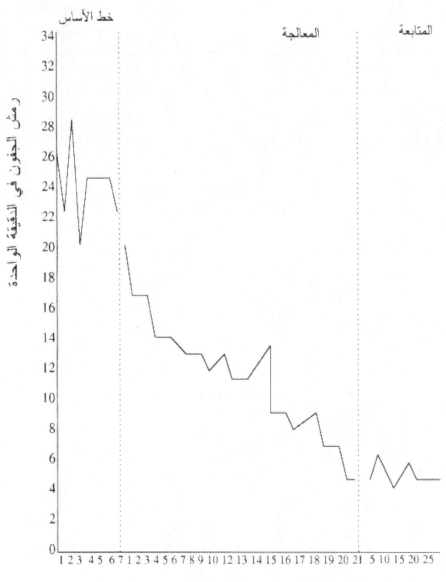

الأيـــــام

الاستمرارية والتعميم

تشكل الاستمرارية والتعميم احدى النقاط التي وجهت كنقد إلى تعديل السلوك، حيث يقول أصحاب هذا النقد، إن السلوك المرغوب سوف ينتهي حال الانتهاء من التعزيز. وبهذا يكون التعلم محدوداً وقاصراً. وسيجري مناقشة هذه النقطة في الجزء المتعلق بالانتقادات. فليس العبرة هو تغيير السلوك بشكل مؤقت في ظرف ما، كأن تكون المدرسة أو الصف، وإنما العبرة أن تستمر هذه الاستجابات المرغوبة، وإن توقف البرنامج التعزيزي، وكذلك تعميمه إلى مواقف حياتية أخرى.

وللتعميم ثلاثة مظاهر، إما تعميم المثير وهو أن السلوك الذي يعزز في موقف ما سيحدث في المواقف الأخرى المشابهة للموقف الأصلي. وتعميم الاستجابة وهو ما يعكسه السلوك المحسن على غيره من السلوكات فمثلاً عند تقليل أو إطفاء الاعتداء على الآخرين، قد يعمم إلى سلوكات أخرى كعدم الانتباه أو الخروج من المقعد أو قد يكون التعميم من خلال المعززات أي السلوك الذي يغير من خلال معزز (س) يمكن أن يكون كذلك مع معزز آخر (ص) مثلاً.

وهنالك عوامل كثيرة تساعد على استمرارية وتعميم السلوك هي:

1- اشراك الأشخاص المهمين في حياة الفرد، كالأبوين وأعضاء الهيئة التعليمية، والأقران، والأشقاء والشقيقات أو غيرهم من المقربين له في تعزيز السلوكات التي تم اكتسابها، وقد يتطلب ذلك تدريبهم على ذلك.

2- الانتقال من المعززات الاصطناعية الى المعززات الطبيعية، وخاصة في المراحل الأخيرة من برامج تعديل السلوك كالانتقال مثلاً من التعزيز الرمزي

(Token Reinforcement) إلى التعزيز الطبيعي كالثناء والانتباه والتقدير والابتسام.

3- عدم الاقتصار على التدريب في ظرف معين واستخدام مثير واحد، فكلما تعددت الظروف وتنوعت المثيرات، إزدادت احتمالية التعميم.

4- التنويع في التدريب من خلال الأسئلة والنماذج يؤدي إلى زيادة احتمال التعميم.

5- الانتقال من التعزيز المتواصل إلى التعزيز المتقطع وبشكل تدريجي.

6- تدريب الفرد على الممارسة الذاتية لمراقبة نشاطاته والسيطرة على الظروف التي تؤثر فيها.

7- إن التخطيط المسبق هو خير سبيل لضمان استمرارية وتعميم السلوك.

المراجـع

- Ayllon, T. (1963). Intensive treatment of psychotic behaviour by stimulus satiation and Food reinforcement. **Behaviour Research and Therapy** ,1, PP. 53-61.

- Azrin, W. and Wesolowski, M.D. (1974). Theft reversal: An overcorrection procedure for eliminating stealing by retarded persons. **Journal of Applied Behaviour Anaysis**, 7, PP. 577-581.

- Harrop, A. (1983) Behaviour Modification in the Class. London Hadder and Stoughton.

- Heward, W. L. Daring, J. C and Rossett, R. (1979). **Working with parents of handicapped children.** Colombia, Ihio: Charless. E. Meryill.

- Karoly, P. (1980) Operant methods. In, F. H. Kanter, and A. P. Goldstein. **Helping people change**. New York: John wiely Press.

- Kazdin, A. and others. (1976). **Behaviour Modification Principles, Issues and Applications**, Boston Houghton Mifflin, Co.

- Morholin, D., and Gray, D. (1976) Effect of group response- cost procedures on cash shortage in a small business. **Journal of Applied Behaviour Therapy** Analysis, 9. PP. 23-30.

- O'Leary, K. and others, (1977) **Classroom management: The successful use of behaviour modification**. New York: Pergaman Inc.

- Schmahl, D. P. and Lichtenstein, E. and Harris, D. E (1972) Successful treatment on habitual smokers with warms, smoky air and rapid smoking. **Journal of Consulting and Clinical Psychology**, 38, 105-111.

- Walker, J. and shea, J. A. (1984). **Behaviour modification: A practical approach for education**(3rd, ed). U.S.A : Time Mirror, Mospy College Publishing.

الفصل الحادي عشر

العلاج الاكلينيكي وفق مبادئ التعلم

- إزالة التحسس التدريجي.

- العلاج الانفجاري.

- الافاضة بالواقع.

- العلاج المنفر.

إزالة التحسس التدريجي   Systematic Desensitization

لقد ساعدت نظرية الاشراط الكلاسيكي على تطوير أساليب علاجية لمشاكل كثيرة، وبشكل خاص تلك التي تتعلق بالخوف والقلق والادمان والتي تعتمد أساساً على التحكم بالمثير لتغيير الاستجابة، أو التحكم بالاستجابة لتقلل من شدة المثير ومن هذه الأساليب إزالة التحسس التدريجي الذي طوره جوزيف ولبي (Wolpe) عام 1958 .

بدأ ولبي تجاربه العملية على الحيوانات، وقد برهن أن المثيرات التي تسبب قلق القطط تزول بالاشراط النقيض عندما تعطى الطعام. ثم عمم ولبي نتائج تجاربه التي اجراها على الحيوانات إلى الإنسان، لأن الانسان القلق كالحيوان العصابي، وإن كلا منهما ما هو إلا سلوك متعلم، وما زال كذلك فيمكن تعديله من خلال التحكم بالمتغيرات البيئية التي سببت ذلك السلوك.

لقد استخدم أسلوب ازالة التحسس التدريجي لعلاج الخوف والقلق بشكل خاص، أو تقليل الأفكار التي تسبب القلق وفق مواقف معينة لكي يجعل المواقف سوية لا تثير أفكاراً وخواطر مخيفة أو قلقة. وقد أشار ولبى ولازاروس (Wolpe and Lazaros, 1966) في كتابهما أساليب العلاج السلوكي إلى فاعلية هذا الأسلوب.

لكنه لم يعد الطريقة العلاجية الوحيدة التي اعتمدت على مبادئ التعلم، والتي أخذت تستخدم في الأطر السريرية، بل فتحت الباب لمبادئ التعلم بشكل عام للعلاج السريري (الاكلينيكي).

قد يكون اسلوب ازالة التحسس التدريجي واقعيا Real systemtic Desensitization وذلك من خلال تعريض الفرد على المواقف الحية، الحقيقية، الواقعية. فالفرد الذي يخاف، على سبيل المثال، من حيوان ما تعرضه للمثير ذاته بشكل دقيق ومنظم في التدرج.

وقد يعتمد أسلوب التحسس التدريجي على الخيال أو التصور (Imaginal Desensitization) .

إن هذا الأسلوب، الذي يعد أحد التطبيقات للنظرية البافلوفية، يدعو إلى التحكم بالمثيرات لتغيير الاستجابة، وذلك من خلال تعريض الفرد لمجموعة من المثيرات ذات العلاقة بالاستجابة (الخوف مثلاً) ابتداءً من المثير الأقل تأثيراً إلى الأكثر تأثيراً في حدوث الاستجابة بحيث تقلل من الاستجابة المراد تغييرها بشكل تدريجي. وقد لا نستطيع التحكم بالمثير فنغير الاستجابة، فمثلاً الامتحان كمثير قد يسبب القلق لبعض الأفراد، وبهذا الحال لابد من التحكم بالاستجابة من خلال أسلوب الاسترخاء (Relaxation Technique) ويعتبر الاسترخاء استجابة نقيضة للخوف والقلق والذي يؤدي إلى اخفاء الاستجابة الأولى لتحل محلها الاستجابة الثانية، وهو شكل من أشكال الأشراط المضاد (Counter Conditioning) تتلخص عملية الاسترخاء بشكل عام بعمليتي التوتر (القبض بشدة) والاسترخاء لجميع اجزاء الجسم ابتداءً من الأعضاء العليا وانتهاءاً بالاعضاء السفلى، ليميل الفرد بعد ذلك إلى الجانب الذي يحقق الراحة الذاتية.

يشتمل أسلوب ازالة التحسس التدريجي على:

أولاً بناء هرم القلق (Building Anxiety Hierarchy) وهو تقسيم المثيرات أو المواقف التي تسبب القلق من البسيط إلى الشديد، ويكون مدرج القلق على شكل مثيرات جزئية تبدأ بمثيرات حقيقية أو متصورة (خيالية).

إن هذا الإجراء يتطلب دقة في التطبيق وإلا قد تكون النتائج عكسية أو قد تكون جهدا ضائعاً دون الوصول إلى حل. فمثلاً لنفرض أن الطفل (س) يخاف من الكلب، فيمكن أن نعرضه في بداية الأمر إلى صور لكلاب صغيرة، وبعد الاطمئنان لها تماماً نعرض صور لكلاب كبيرة، وبعدها لكلب أو كلاب صغيرة من البلاستيك ثم لآخر كبير، وبعد الاطمئنان، نعرض كلب صغير من الطين الاصطناعي ثم لكبير من نفس المادة، وبعدها يعرض لكلب صغير من الفرو، وبعدها كلب كبير من الفرو، ويجري الانتقال من مرحلة إلى أخرى بعد الاطمئنان بأن الطفل لا يخشى هذا الأشكال. وبعدها نضعه على بعد (10) أمتار من كلب صغير، ثم تقلل المسافة تدريجيا إلى أن يلامسه وأخيراً نعرضه لكلب كبير.

لقد استخدم والتون Walton في الزراد (1992) مدارج قلق لمعالجة الوساوس، وحالات الخوف من التلوث والقذارة ومن الأمثلة على ذلك مدرج قلق وضعه لمعالجة مريضه تخاف إلتقاط القمامة من على الأرض خشية التلوث. وتلخص بما يلي:

1- إلتقاط قطعة من الورق النظيف من على أرض نظيفة ودون أن تلمس الأرض.

2- تعاد العملية ولكن الورقة في هذه المرة مجعدة ولا تدعو للراحة.

3- تكرار العملية ولكن الورقة تلوثت بقليل من الحبر.

4- تعاد العملية ولكن في هذه المرة تقوم المريضة بلمس الأرض.

5- في هذه المرحلة تعاد المرحلة الرابعة، ولكن الأرض في هذه المرة تكون غير نظيفة تماماً، أو كما ينبغي، ولكنها مسحت بقطعة قماش غير نظيفة.

6- إعادة المرحلة الخامسة ولكن دون محاولة تنظيف الأرض نهائياً.

7- هذه المرحلة تتضمن إلتقاط قطعة من الورق النظيف من أكثر من مكان على الأرض، ومع ملامسة الأرض.

أما العنصر الثاني الذي يتضمنه ازالة التحسس التدريجي هو تقرير نوع الاستجابة التي نستطيع من خلالها كف القلق. ولا يمكن أن تحدث الاستجابة ونقيضها في ذات الوقت، وإنما يفترض أن تهيمن الاستجابة الأقوى لتظهر واضحة جلية، وتختفي أو تتلاشى الاستجابة الأقل.

فالاسترخاء نقيض للقلق، إذ يوجد علاقة بين الشد العضلي وإدراك الفرد للحالة الانفعالية.

ولابد من الإشارة إلى أن الأفراد يختلفون في مدى استجابتهم لأسلوب الاسترخاء، وهذا يتعلق بمدى التهيؤ النفسي للفرد، ولا يكون الأفراد جميعاً بنفس الدرجة من التهيؤ النفسي ـ إضافة إلى ذلك فإن درجة القلق ليست واحدة، وذلك يتعلق بالمثيرات المسببه له. لذلك قد يكون الفرد (س) أسرع استجابة للاسترخاء، بينما يكون (ص) بطيئ الاستجابة. كما يفترض إن يراعي المعالج الطاقة التحملية للفرد، أي لا يحمل الفرد أكثر من طاقته، وهذا يتطلب مرونة في التعامل مع الأفراد. الأمر الذي يبعده عن الاستفسار وطرح الأسئلة التي قد تعرقل تحقيق الاسترخاء المطلوب.

تتطلب عملية الاسترخاء مكاناً هادئاً بعيداً عن المشوشات، وكرسياً مصمماً على شكل معين يدعو إلى الارتياح. ويزود المعالج الأفراد بتغذية راجعة لما يحدث في عضلاته لتساعده على التمييز بين التوتر والاسترخاء.

وقد يكون تغميض العينين خلال عملية الاسترخاء أفضل حالاً لتجنب المثيرات الدخيلة التي قد تؤثر بشكل سلبي في تحقيق الاسترخاء المطلوب. ولتوضيح عملية الاسترخاء نورد النموذج الذي اقترحه مارتن وبير (Marten and Pear, 1983) كما جاء في الخطيب (1987) للاسترخاء العضلي:

1- إستمع جيداً لما سأقدمه لك من التعليمات، إنها ستزيد من قدرتك على الاسترخاء الآن، اغمض عينيك وتنفس بعمق ثلاث مرات (10 ثوان صمت).

2- أغلق راحة يديك اليسرى بقوة، لاحظ أن عضلات يدك قد بدأت تنقبض وتتوتر (5 ثوان صمت) والآن افتح يدك اليسرى واسترخ (5 ثوان صمت).

3- اغلق راحة يدك اليسرى بقوة مرة أخرى، لاحظ التوتر الذي تشعر به (5 ثوان صمت) والآن استرخ وفكر بزوال التوتر من عضلات يدك (10 ثوان صمت).

4- الان، أغلق راحة يدك اليمنى بكل قوة ممكنة لاحظ كيف توترت أصابعك ويدك وذراعك (5 ثوان صمت). والآن افتح اليمنى، لاحظ الفرق بين ما كانت عليه من توتر وما هي عليه الآن من استرخاء (5 ثوان صمت).

5- مرة أخرى، أغلق راحة يدك اليمنى باحكام. لاحظ ما هي عليه الآن من توتر (5 ثوان صمت) مرة أخرى افتح راحة يدك اليمنى واسترخ (10 ثوان صمت).

6- اغلق راحة يدك اليسرى بإحكام واثن ذراعك بقوة كي تتوتر العضلة ذات الرأسين في أعلى الذراع. أبق يدك كما هي (5 ثوان صمت) والآن استرخ كاملاً. لاحظ الدفء الذي ينتشر في ذراعك ويدك واصابعك (10 ثوان صمت).

7- والآن، اغلق يدك اليمنى، واثن ذراعك بقوة كي تتوتر العضلة ذات الرأسين في أعلى الـذراع. ابـق ذراعـك كما هي واشعر بالتوتر (5 ثوان صمت). والآن استرخ كـاملاً وركـز علـى مـا تشعر بـه مـن استـرخـاء ودفء (10 ثوان صمت).

8- والآن، أغلق راحة يدك اليسرى وراحة يدك اليمنى بكل قوة ممكنة، اثن ذراعك بقوة أيضا، ابق ذراعيك في وضـــعهما هـــذا. لاحـــظ التـــوتر الــــذي تشــعر بـــه الآن (5 ثوان صمت) والآن استرخ واشعر بالدفء (10 ثوان صمت).

9- والآن، لننتقل إلى جبينك وعينيك أغلق عينيك بقوة.لاحظ التـوتر في مقدمـة رأسـك، وفي عينيـك. الآن استرخ ولاحظ ما تشعر به من استرخاء (10 ثوان صمت).

10- والآن، لننتقل إلى فكيك اطبقهما بقوة أرفع ذقنك بقوة إلى الأعلى كي تتوتر عضـلات رقبتـك ابـق كـما أنت. الآن، اضغط إلى الأسـفل بقـوة، اغلـق شـفتيك بقوة (5 ثـوان صمت). الان استرخ (10 ثوان صمت)

11- والآن، اغمض عينيك بقوة وأطبق فكيك، وارفع ذقنك إلى الأعلى بقوة، واغلق شفتيك، ابـق كـما أنت لاحظ التوتر في جبينك، وعينيك، وفكيك، وشـفتيك ورقبتك. الآن استرخ، اسـترخ كـاملاً واستمتع بالاسترخاء الذي تشعر به (15 ثانية صمت).

12- والآن، ادفع كتفيك بقوة إلى الإمام إلى إن تشعر بتوتر شديد في عضلات الجزء الأعلى من ظهرك. اضغط بقوة أبق كما أنت. الآن استرخ (10 ثوان صمت).

13- أدفع كتفيك بقوة إلى الإمام مرة أخرى، وفي الوقت نفسه، ركز على عضلات بطنك، شدها إلى الداخل إلى أقصى درجة ممكنة، لاحظ التوتر في منطقة المعدة. أبق كما أنت (5 ثوان صمت) الآن استرخ (10 ثوان صمت).

14- مرة أخرى، إدفع كتفيك إلى الإمام بقوة، وشد عضلات بطنك، اشعر بالتوتر في الجزء العلوي من جسمك الآن استرخ (10 ثوان صمت).

15- الآن، سنعود مرة أخرى إلى العضلات السابقة. أولاً، تنفس بعمق ثلاث مرات (5 ثوان صمت)، أغلق راحة يدك اليسرى وراحة يدك اليمنى، واثن ذراعيك. اغمض عينيك بشدة. أطبق فكيك وادفع بهما بقوة إلى الأسفل. ثم ارفع ذقنك وأغلق شفتيك بقوة. لاحظ التوتر في كل جزء من جسمك. الآن استرخ تنفس بعمق. استمتع بزوال التوتر. فكر بالاسترخاء العام في كل عضلاتك في ذراعيك، وراسك، وكتفيك، وبطنك، كل ما عليك عمله الآن هو الاسترخاء(10 ثوان صمت).

16- لننتقل الآن إلى رجليك اضغط على كفيك الأيسر إلى الأسفل، وارفع أصابع رجلك حتى تشعر بتوتر شديد في رجلك (5 ثوان صمت) الآن استرخ (10 ثوان صمت).

17- مرة أخرى اضغط على كعبك الأيسر إلى الأسفل بقوة، وارفع اصابع رجلك حتى تشعر بتوتر شديد في رجلك. الآن استرخ (10 ثوان صمت).

18- الآن، اضغط على كعبك الأيمن إلى الأسفل بقوة، وارفع أصابع رجلك حتى تشعر بتوتر شديد الآن استرخ.

19- الآن سننتقل إلى كلا الرجلين، اضغط على كعبيك إلى الأسفل بقوة، وارفع أصابع رجليك إلى أقصى درجة ممكنة. ابق كما أنت (5 ثوان صمت) الآن استرخ (10 ثوان صمت).

20- والآن تنفس بعمق ثلاث مرات (5 ثوان صمت) شد العضلات التالية كما فعلت قبل قليل: راحة اليد السفلي، والعضلة ذات الرأسين في ذراعك الأيسر، وراحة اليد اليمنى، والعضلة ذات الرأسين في ذراعك الأيمن، والجبين، والعينين والفكين والرقبة والشفتين، والكتفين والبطن، والرجل اليسرى، والرجل اليمنى. ابق كما أنت (5 ثوان صمت) الآن استرخ (10 ثوان صمت) تنفس بعمق ثلاث مرات، وبعد ذلك مارس ثانية تمارين التوتر (5 ثوان صمت) وتمارين الاسترخاء (5 ثوان صمت) الآن تنفس كالمعتاد، واستمتع بالاسترخاء العام في جسمك (30 ثانية صمت).

أما العنصر الثالث الذي يشتمل عليه أسلوب إزالة التحسس التدريجي هو الوضع النقيض (Counterposing) وهو اقران العنصرين السابقين، الاسترخاء ونقيضه المتمثل بالمثيرات المسببة للقلق. الأمر الذي يؤدي إلى هيمنة احداهما لأنه من غير المنطق أن تكون هناك استجابتان نقيضتان في ذات الوقت.

ولابد من الإشارة إنه ليس بالضرورة أن تكون المعالجة تشتمل على العناصر الثلاث فقد تكون المعالجة مثلاً من خلال تعريض الفرد بشكل تدريجي الى المثيرات المسببة للقلق دون استرخاء، كما سيوضح لاحقاً.

وعلى أية حال فإن عملية العلاج بطريقة إزالة التحسس التدريجي ليست عملية سهلة، ويعتمد نجاحها على مدى تجاوب المسترشد، طبيعة المشكلة ومسبباتها، مهارة المعالج في احداث عملية الاسترخاء، والمدة التي يحتاجها كلاً من المعالج والمسترشد للوصول إلى نتائج جيدة.

وبالرغم من الصعوبات المرتبطة بهذه الطريقة، فإن هذا الأسلوب اظهر نجاحاً في معالجة كثير من حالات الخوف والقلق. فقد اثبت، كما يقول ولبى (Wolpe) نجاحـه مـع (88) مسترشـد . كـما أحصى المعالجات التي تمت من خلال ازالة التحسس التدريجي لحد عام 1962 وتوصل الى أن (4) حـالات أصابها الانتكاس من بين مجموع (249) مسترشد، مما ساعد الآخرين عـلى اتبـاع هـذا الأسلوب. كـالش (Kalish, 1981) . ولقد قام لازاروس (Lazarus, 1961) بدراسات اكلينيكية مع جماعات كبيرة لمقارنة علاج أسلوب ازالة التحسـس التـدريجي والعـلاج التـأويلي (التفسـيري) أو الاستبصـاري (Insight or Interpretative Therepy)* في المعالجة الجماعية. تضمنت الجماعات ما يأتي:

(11) حالة خوف من الأماكن العالية أو الخوف من السقوط من أماكن مرتفعة قد تؤدي إلى الموت.

(15) حالة خوف من الأماكن المغلقة.

(4) حالات عندهم مزيج من اضطرابات الخوف (الخوف من الاشياء الحادة، الخـوف مـن العنـف المـادي، الخوف من حركة الحافلات الطويلة، الخوف من الكلاب).

(5) حالات لرجال عقماء لعلاجهم من الخوف الجنسي.

_____

* يقصد بالاستبصار هو معرفة المسترشد بأن الشيء الذي يخوفه ليس حقيقياً في ذاته وإنما يتعلق بنفسيته ومدركاته. أما الشخص الذي يفقد الاستبصار، وهو عندها يخاف من أمر وهمي، ويعتقد بوجود ذلك الشيء ويعتقد أصحاب اتجاه العلاج الاستبصاري بأن معظم مشكلات الانسان وخاصة الانفعالية والعقلية هي نتيجة تفكيره الخاطئ أو إدراكه اللامنطقي للأمور، ويمكن علاجه من خلال تغيير مدركاته الى الوجهة الصحيحة أي من خلال إعادة تنظيم المدركات بالشكل الصحيح.

وكل هذه الأنواع من الخوف هي شديدة بشكل كاف لتؤثر بشكل سلبي في تحديد حركة الفرد وعلاقاته الاجتماعية.

قسمت العينة بشكل عشوائي الى ثلاث مجموعات. وكوفئت على أساس الجنس والعمر وطبيعة وشدة الاضطراب.

عولجت المجموعة الأولى جماعياً بأسلوب ازالة التحسس التدريجي كوحدة منظمة متجانسة باعتبار تشابه الخوف. وقد قسمت مثيرات الخوف على شكل مدرج، كأن يكون على سبيل المثال الخوف من الأماكن العالية، وطبقت مع الأفراد كمجموعة.

أما المجموعة الثانية من المرضى فعولجت كوحدة غير متجانسة وذلك لمعرفة فيما إذا كان أسلوب إزالة التحسس التدريجي فاعلاً مع الأفراد غير المتجانسين (غير المتشابهين) من ناحية الخوف. وهذه المجموعة قرأت فقرات مدرج المثيرات المسببة للخوف من كارتات الدليل الفردي الذي يتعامل مع خوف محدد لهم.

المجموعة الثالثة، اتبعت العلاج التأويلي من خلال إعادة الأهداف التعليمية المكرسة للكشف عن الذات والاستبصار لمعرفة أصول اضطرابات الخوف. وقد طبق أسلوب الاسترخاء فقط بلا اعداد هرم مع القسم الأول من المجموعة التأويلية وذلك لمعرفة فاعلية الاسترخاء. كما قد منح الأفراد الذين لم ينجح معهم العلاج التأويلي، بعد نهاية الفترة المخصصة له، فرصة لاستخدام أسلوب إزالة التحسس التدريجي.

إن مقياس الشفاء لكل المرضى هو القدرة على أداء الأفعال المخوفة لمدة شهر بعد العلاج. على سبيل المثال، الأفراد الذين يخافون من الأماكن العالية هو أن

يتسلق كل واحد منهم للتخلص من النار إلى الطابق الثالث من البناية (أي حوالي 50 قدم) في الأرض. ثم يتقدم الى الطابق الثامن، أو ينظر من على الجدار المطل على الحديقة ليحسب السيارات التحتية لمدة دقيقتين مع المعالج وملاحظ آخر مستقل. لم تختبر مجموعة الرجال العقماء من الخوف الجنسي وكذلك مجموعة الخوف المختلط.

اسفرت النتائج على شفاء (13) من (18) مسترشداً استخدم معهم أسلوب ازالة التحسس التدريجي حسب المقياس المقبول.

لم يشف أي مسترشد من المجموعة التي استخدم معها العلاج التأويلي، ولكن اثنين من ثمانية تحرروا من حالات الخوف عندما استخدم معهم العلاج التأويلي والاسترخاء.

وفي مرحلة المتابعة التي استمرت بين شهر ونصف وخمسة أشهر استمر شفاء (10) من (13) الذين استخدم معهم أسلوب ازالة التحسس التدريجي. وانتكس أحد الاثنين اللذين عولجا باستخدام العلاج التأويلي والاسترخاء.

وأشارت النتائج إلى تحسن سلوك (8) من (10) مسترشدين الذين استخدم معهم أسلوب إزالة التحسس التدريجي بعد فشل أسلوب العلاج التأويلي معهم.

وتجدر الإشارة إلى أنه يمكن أن يستخدم أسلوب إزالة التحسس التدريجي بلا معالج من خلال التوجيه الذاتي عن طريق الاستماع إلى شريط مسجل وخاصة في الجلسات التالية عندما تصبح هذه الإجراءات معروفة لدى المسترشدين.

وفي هذا الصدد، فقد قارن بيكر وكوهين وساوندرز (Baker, Cohen and Saunders, 1973) بين أسلوبين الأول يتمثل بمعالجة المسترشدين من خلال المعالج في اسلوب إزالة التحسس التدريجي، والأسلوب الآخر هو المعالجة بلا

معالج من خلال التوجيه الذاتي عن طريق الاستماع إلى شريط مسجل هدفت التجربة لمعالجة الخوف من الأماكن العالية خلال الأسلوبين.

أسفرت النتائج على أن أسلوب التوجيه الذاتي من خلال المسجل كان أكثر أهمية في تغيير السلوك من أسلوب توجيه المعالج. وهذا ما عكسته تقارير المسترشدين.

استخدم هذا الإجراء مع كبار السن وصغاره لمعالجة كثير من المشكلات المتعلقة بالخوف والقلق. ومن التجارب التي تعاملت من صغار السن تجربة كرافتز وفورنس (Kravetz and Forness, 1971) والتي استخدمت تعريض الطفل للمثيرات المسببة للقلق دون عنصر الاسترخاء، كان بعمر 6.5 سنة يعاني من عدم القدرة على التحدث في الصف. أشارت تقارير الطبيب والطبيب النفسي إلى عدم اكتشافهم أي سبب لذلك. وكان تقدم الطفل في الصف ضعيفاً بالرغم من أنه يمتلك قدرات أكثر من المستوى العادي، كما أشارت الى ذلك الاختبارات.

استخدم اسلوب إزالة التحسس التدريجي لمدة (12) جلسة خلال أسبوعين لتنقيص خوف الطفل من التكلم في الصف.

تطلب الأمر بناء مدرج للمثيرات المرتبطة بالخوف، والتي كانت على النحو التالي:

1- القراءة لوحدة أمام الباحث.

2- القراءة لوحدة لرفيق الغرفة.

3- القراءة لاثنين من المساعدين في غرفة الصف (تعاد هذه الفقرة).

4- القراءة للمعلم والمساعدين فقط (تعاد هذه الفقرة).

5- القراءة للمعلم والمساعدين ولمجموعة صغيرة من أقرانه (تعاد هذه الفقرة).

6- القراءة للصف بكامله.

7- طرح أسئلة وعمل تعليق في صالة اللقاء الاسبوعي عندما يكون جميع المرضى والمعلمين والإدارين حاضرين.

اسفرت نتائج التجربة عن نجاح الطفل في التغلب على الخوف من التحدي أمام الصف.

وطبق ديفنياجر وكمبر (Deffenbacher and Kemper, 1974) اسلوب إزالة التحسس التـدريجي مع مجموعة من الطلبة بلغت (28) متكونة مـن (12) طالبـة، و (16) طالبـاً في المرحلـة الاعداديـة كانـت تعاني من القلق الشديد في الامتحان.

حولت العينة المذكورة أما عن طريق المرشد أو الآباء أو المدرس.

تطلب أسلوب إزالة التحسس التدريجي بناء مدرج لمثيرات القلق المتعلقة بالامتحان، وتضمن ما يلي:

- انت ملتحق جلسة صف عادية.

- انت تسمع حول شخص ما يؤدي امتحاناً.

- انت تدرس في البيت تقرأ واجباً عادياً

- انت في الصف أعلن المدرس عن امتحان معهم بعد أسبوعين.

- انت تدرس في البيت وبدأت المراجعة والدراسة للاختبار الذي سيكون بعد اسبوع.

- أنت تدرس في البيت تدرس للامتحان المهم. واليوم هو الثلاثاء ولم يبق الا ثلاثة أيام للامتحان الذي يجرى يوم الجمعة.

- أنت تدرس في البيت للامتحان القادم. واليوم هو الأربعاء ولم يبق إلا يومان لأداء الامتحان.

- إنها ليلة الخميس التي تسبق الامتحان الذي سيكون يوم الجمعة. وأنت تتحدث مع زميل آخر عن امتحان غد.

- إنها الليلة التي تسبق الامتحان، أنت في البيت تدرس له.

- إنه يوم الامتحان وتفصلك عنه ساعة واحدة فقط.

- انه يوم الامتحان، وكنت تدرس له وأنت الآن ماش في طريقك إلى الامتحان.

- أنت واقف خارج غرفة الامتحان تتحدث مع طلبة آخرين حول الامتحان الآتي.

- أنت جالس في غرفة الامتحان منتظراً ورقة الامتحان للاجابة عنها.

- أنت مغادر غرفة الامتحان ومتحدثاً مع طلبة آخرين حول الامتحان، وقسم من أجوبتهم تخالف اجوبتك.

- أنت جالس في الصف منتظراً ارجاع الامتحان المصحح من قبل المدرس.

- أنت الآن قبل الامتحان، وتسمع طالبا يسأل سؤال الاختبار الممكن الذي لا تستطيع الاجابة عليه.

- أنت تؤدي الامتحان المهم وبينما أنت تفكر في جواب ما ترى كل واحد حولك يجيب بسرعة.

- أنت تؤدي الامتحان تأتي على سؤال لا تستطيع الإجابة عليه وترسم فراغاً.

- أنت في الامتحان المهم يعلن المدرس بأنه بقى من وقت الامتحان ثلاثون دقيقة في الوقت الذي تحتاج إلى ساعة الأداء العمل.

- أنت في الامتحان المهم يعلن المدرس بأنه بقى من وقت الامتحان خمس عشرة دقيقة. وأنت تحتاج إلى ساعة عمل.

تكونت فترة العلاج بأسلوب إزالة التحسس التدريجي ثماني جلسات خلال اسبوع واحد. عولج الطلبة على شكل مجموعات متكونة من (2-5) طلبة. اسفرت نتائج التدخل عن نقصان حالة الخوف من الامتحان بشكل فاعل. ومن التجارب التي يمكن الاستفادة منها في معالجة كثير من الأطفال الذين يخشون المدرسة. التجربة الذي قام بها جيرفي وهيجرنس (Garvey and Megrenes, 1966) لعلاج طفل في العاشرة من عمره يخاف من المدرسة. تلخص العلاج بمرافقة المعالج الطفل وتعريضه للمثيرات التالية:

1- الجلوس في السيارة أمام المدرسة.

2- الخروج في السيارة والتقرب من حافة الرصيف القريب من المدرسة.

3- الذهاب إلى رصيف المشاة.

4- الذهاب إلى أسفل درجات سلم المدرسة.

5- الوصول إلى أعلى درجات سلم المدرسة.

6- الذهاب الى باب المدرسة.

7- الدخول إلى المدرسة.

8- التقرب من الصف ولمسافة محددة كل يوم.

9- الدخول إلى الصف.

10- الحضور في الصف من المعلم.

11- الحضور في الصف مع المعلم ورفيق أو رفيقين.

12- الحضور في الصف مع جميع التلاميذ.

اسفرت نتائج التدخل الذي استمر عشرين جلسة متتابعة وبشكل يومي إلى استئناف الطفل حياة طبيعية في المدرسة دون خوف. ولم تظهر عليه حالة خوف بعد متابعة لمدة سنتين. وتجدر الإشارة الى أنه جرى تطبيق مدخل التحليل النفسي- التقليدي مع هذا الطفل قبل اتباع أسلوب إزالة التحسس التدريجي ولمدة ستة أشهر دون أي نجاح يذكر.

العلاج الانفجاري Implosive Therapy

وهو أسلوب علاجي يتمثل بمواجهة المثيرات أو المواقف المسببه للخوف والتي تكون في الغالب أشد واحد من المثيرات أو المواقف الحقيقية. وهذا الأسلوب يختلف عن أسلوب إزالة التحسس التدريجي في أن الأخير يعرض الفرد لمجموعة من المثيرات أو المواقف المسببه للخوف أو القلق، وتكون من المثيرات البسيطة إلى المثيرات الشديدة.

يرتبط هذا الأسلوب بالعالم توماس ستامبفل (Thomas Stampfle) الذي بدأ سلسلة تجاربه الاكلينيكية مع الحيوانات والتي توصل من خلالها إلى معالجة اضطرابات الخوف والقلق باسلوب المواجهة الحقيقية للمثيرات المسببة لهما (Stampfle and Levis, 1967) إن أحد المبادئ الرئيسية التي ترتكز عليها النظريات السلوكية هو إن كل سلوك متعلم، وما زال كذلك يمكن تغييره من خلال التحكم بالمتغيرات البيئية التي سببت ذلك السلوك.

يتميز هذا الأسلوب بأنه سهل واقتصادي قياساً بأسلوب إزالة التحسس التدريجي لأنه لا يحتاج إلى إعداد هرم للقلق الذي قد يأخذ وقتاً طويلاً الأمر الذي يجعل الطريق قصيراً لتحقيق الهدف إذا ما أثبت هذا الأسلوب جدواه وفاعليته.

ويعتقد الباحثون في هذا المجال أنه كلما تعرض الفرد إلى مثيرات أكثر شدة، كلما كان العلاج أوفر حظاً للنجاح، وذلك من خلال تخيل المواقف التي تسبب الخوف. على سبيل المثال السقوط من أماكن شاهقة، والأماكن المغلقة المرهبة المخيفة، أو أن يتذكر بعض التجارب الشخصية المخفية جدا. ويكون دور المعالج تكبير وتجسيد هذه الأحداث كالش (Kalish, 1981). إن الهدف من هذا الأسلوب هو مواجهة المواقف المثيرة للخوف دون تراجع أو اختباء، وتجنب العوامل التي تساعد على الهرب من الموقف.

إن السمة المميزة، كما يقول ليفيس (Levis) في كالش (Kalish, 1981) لأسلوب العلاج الانفجاري عن اسلوب علاج الافاضة بالواقع (Flooding) يقوم على افتراض أن السلوك التجنبي متعدد الجوانب، إذ يتطلب اشارات تجنب شرطية خارجية وداخلية (External and Internal Conditioned Avoidance Cues)

يتعلق المثير الخارجي بظروف بيئية أو مواقف. على سبيل المثال منظر بناية عالية، سياقه سيارة خطرة، مكان ضيق مغلق.

أما المثير الداخلي فهي تلك التجارب المخزونة في الذاكرة والتي تتطلب عادة التعبير في الكراهية والعدوان تجاه الصور الوالدية، انتقام الفرد للاعمال العدوانية، تصور درجات مختلفة من الجروح الجسمية. وكذلك تلك التي ترتبط بتجارب الرفض والحرمان والإهمال والنبذ والذنب والخجل والجنس.

إن الفرضيات (Hypotheses) في بعض الأحيان يمكن أن يخبرها المسترشد. وما هـي في الغالـب الا خلاصات استنتجها المعالج من خلال تاريخ المسترشد أو المعلومات التي جمعت مـن المقابلـة. عـلى سبيل المثال الشخص الذي يخاف من الاماكن المغلقة (Cloustro phobia) هو الذي عنـده خـوف مـن الاختنـاق والعجز والموت البطئ، وتعد هذه كشكل من العقاب للمخالفات، ويمكن أن يقدم اشكالاً معقولة (كالآباء، والأخوان) ليطبقوا العقوبة خلال فترة العلاج، وكذلك يزود ببيانات للأعمال الخاطئة التـي توضـح لمـاذا عوقب المسترشد.

ولا يهتم ستامبفل وليفز (Stampfle and Levis, 1967) بشـكل رئيسيـ فـيما إذا كانـت البيانـات هي دقيقة أو متصلة بحالة المسترشد على أساس إن المعالج سيحاجج ردود فعله. ولكن المهم الذي يفترضه المعالج هو أنه إذا كانت تولد تعاملاً كبيراً مع القلق، فهذه الإشارات المفترضة هـي السـبل الصـحيحة التـي يجب أن تتبع. وتجدر الاشارة إلى أن أسلوب العلاج الانفجاري لا يركز على الحدث أو الموقف الـذي سـبب ذلك السلوك الشائك فحسب، بل يهتك بأفكار الفرد ومخاوفه لما يحدث لهذا الموقـف أو الحـدث. فقـد لا يخاف الناس من الفئران بحد ذاتها، ولكنهم يخافون مما يمكن ان تسببه من مشاكل.

العلاج بالافاضة (أو الغمر) بالواقع Flooding Therapy

وهو أسلوب يتلخص بتعرض الفرد للمثـيرات التـي سـببت لـه الخـوف أو القلـق دون أي منفـذ للتخلص أو الهروب.

وهذا الأسلوب يختلف عن أسلوب العلاج الانفجاري (Implosive Therapy) في كونه:

1- لا يجري التأكيد على مظاهر القوى النفسية (الديناميات النفسية) للسلوك (Psychodynamic) *

2- لا يحاول هذا الأسلوب تنشيط الذكريات المخزونة والتي يعتقد أنها المسؤولة عن تطور ذلك السلوك المستهدف.

3- هناك بعض الشعور بان استحضار القلق خلال فترة العلاج بهذه الطريقة ليس مطلوباً لإطفاء السلوك. ماركز (Marks, 1978)

ولكن تشير الشواهد، كما يشير الى ذلك كالش (Kalish, 1981) الى الميل بشكل كبير لاستحضار المثيرات المسببة للقلق في كلا من اسلوب العلاج الانفجاري وأسلوب الافاضة الواقعية ليكون العلاج فاعلاً.

يتطلب أسلوب العلاج بالإفاضة الواقعية استحضار مواقف مسببة للخوف، وتكون في الغالب مثيرات حقيقية من الواقع، ولكن قد تكون صعبة التحقيق لأنها تحتاج إلى ظرف مناسب أو تهيئة مختبر تتوفر فيه مثيرات حقيقية مثل القطط، الكلاب، الوساخة، التلوث.. الخ.

وقد يكون هذا الأسلوب مناسباً للأفراد الذين يعانون من مشاكل تخيلية.

ومن الدراسات الاكلينيكية التي توضح ذلك، دراسة بيوم وبوسر (Baum and Poser, 1971) التي استخدمت المواجهة الحقيقية المباشرة مع امرأة بعمر (41) سنة والتي تعاني خلال ثلاث عشرة سنة من مشكلة مسك الاشياء لانها تعتقد أنها ملوثة بجراثيم السرطان. بدأ هذا الاعتقاد الوسواسي عند ولادة أول طفل لها،

---

* "Psychodynamic" مبحث القوى النفسية، وهو العلم الذي يرد الظواهر العقلية إلى ألوان الصراع بين اجزاء الشخصية، فيفسر مثلاً الاحلام على أنها شكل توفيقي بين الهو والذات والذات العليا. ويصف التفاعلات وردود الفعل التي تنشأ داخل الشخصية بين مختلف أجزائها، متناولاً أصل هذه التفاعلات واهدافها وتفصيلاتها الحاضرة (الحفني، 1993)

واشتد ذلك عند وفاة والدها بالسرطان. ومن الأشياء التي تخشاها في البيت اللحم المفروم وخاصة لحم الخنزير. استخدمت مع هذه المرأة اجراءات روتينية كالتحليل النفسي، والصدمة الكهربائية، والادوية المهدئة ولكنها لم تعط إلا راحة مؤقتة للوسواس. وعندما حولت للعلاج السلوكي كانت غير مقتدرة أيضا. تغسل يدها بين 20-30 مرة في اليوم، لا تستطيع اعداد الطعام، تعبر عن قلقها حول رعاية أطفالها، وتكاد تكون مشغولة تماما بالوساوس المتعلقة باللحم، والجراثيم، اسقاطات الطير.. الخ

خلال اجراء الافاضة بالواقع، وضعت المرأة في غرفة بلا نوافذ،وطلب منها أن تزيل القماش من على لحم الخنزير الموضوع على المنضدة. عملت ذلك بتردد شديد، وبدأت بالحال تتشنج، ثم طلب منها عمل كرات من اللحم واستجابت لذلك بعدم ارتياح، وبذراعين متشنجتين، وبحرص شديد على أن لا يمس اللحم إلا أصابعها فقط. وهذا ما ساعد المعالج على استغلال هذا الوضع حيث أخذ كرات اللحم وضربها بها، الأمر الذي جعلها تمسك كرات اللحم بيديها وتضربه بها، قائلة له أنا أعرف أنك تتمنى أن تفتت هذه المادة عليّ.

وجلب المعالج صحناً من الماء الوسخ لتغسل يديها فيه. وبعد هذه الجلسات التي استخدم فيها هذا الاسلوب، حث المعالج المرأة على تغيير ثيابها خلال اسبوع.

وفي نهاية العلاج الذي دام ثمانية عشر شهراً، تحسنت المرأة حيث اصبحت تهتم بترتيب البيت. ولكنها صرحت ببعض الانشغال بمخاوفها السابقة لكنها لم تمنعها من أداء وظيفتها.

ومن الدراسات الأخرى لأسلوب الإفاضة (أو الغمر) بالواقع دراسة لامونتيكن وماركز (Lamontagen and Marks, 1973) لعلاج مشكلة التبول لأمراة بعمر (51) سنة حدث لها كف تبول بعد إزالة كيس المبيض، ورجل بعمر

(31) سنة لا يستطيع التبول خارج البيت او في البيت خلال وجود أي شخص حتى زوجته.

تلخص العلاج بعرض الاثنين الى مواقف حرجة جداً، دون السماح لهما بالتجنب أو الهروب. وطلب من كل واحد أن يبقى بتواليت عام حتى يتم تبوله. استغرق ذلك في البداية ساعتين للمرأة ونصف ساعة للرجل. تطلب العلاج في الجلسات الأولى، وقوف معالج مناسب (امرأة أو رجل) على مسافة محددة خارج التواليت.

تناقصت هذه المسافة في الجلسات الأخيرة.

واخيراً.. انتظر المعالج خارج التواليت متحدثاً مع شخص آخر مما يجعل الفرد في هذا الموقف في غاية التوتر والضيق.

أسفرت النتائج إن الكف السلوكي للتبول نقص بعد (8) جلسات بالنسبة للرجل و(13) جلسة بالنسبة للمرأة.

وقد كشفت مرحلة المتابعة التي استمرت تسعة أشهر بأن الفردين اصبحا يتبولان في تواليت عامة بلا أي إشارة من عدم الارتياح.

وقد تكون الإفاضة بالواقع استراتيجية ناجحة لعلاج بعض حالات الخوف كرهاب الساح (Agoraphobia) أو الخوف من الأماكن المزدحمة.

يقول كولدستين وجامبلس (Goldstein and Chombless, 1978) في هذا الصدد، في الوقت الذي اثبت أسلوب إزالة التحسس التدريجي فاعليته في علاج الخوف بشكل عام، لكنه قد لا يكون ناجحاً في علاج بعض حالات الخوف كرهاب الساح.

العلاج المنفر Aversive Therapy

وهو تعرض الفرد لمثير مؤذي (معاقب)، وهذا المثير من شأنه أن يقمع أو يوقف السلوك غير المرغوب فيه والذي يتصف بالاستمرارية.

إن أسس هذه الطريقة مستمدة من تجارب بافلوف التي استخدمت مع الحيوانات. وقد عالج هذا الاسلوب حالات التدخين والإدمان على الخمر والمسكرات والبدانة والتقيؤ.

فمثلاً، إذا أردنا أن نعالج المدمن على الخمر، فيمكن أن نضيف مادة كيميائية (منفرة) مع الخمر تسبب التقيؤ والصداع الشديد أو الغثيان بحيث تغير من استجابته لهذا المثير (الخمر). فبدلاً من الاستجابة التي تتسم بالنشوة والارتياح إلى استجابة تتسم بعدم الارتياح والازعاج.

كما استخدمت الصدمة الكهربائية في علاج التدخين كأسلوب للعلاج المنفر. ويشير بوب (Pope, 1975) في الحجار (1989) إلى أن عدة تجارب اشارت إلى نجاح هذه الطريقة، حيث أدت إلى كف التدخين بنسبة 70% وبمتابعة دامت سنة واحدة.

ومن التجارب التي استخدمت العلاج المنفر دراسة لانك وملامد (Lang and Melamed, 1969) التي عالج خلالها طفل بعمر (9) أشهر أوشك على الموت جراء التقيؤ المستمر.

إن التقيؤ يحدث من خلال سلسلة من الاستجابات والتي تؤدي في النهاية إليه حيث تبدأ بتقلصات المعدة وتصعد القناة الهضمية التي تنتهي بالتقيؤ، علماً بأن الاستجابات التي تحدث في البداية أضعف من الاستجابات التي تحدث في النهاية. تطلب الأمر استخدام جهاز دقيق لرسم العضلات وضع في ظهر الطفل، وعندما

تحدث الاستجابات الأولى يعرض الطفل إلى التعزيز المنفر وهو صدمة كهربائية التي تقطع حدوث الاستجابات الأخرى المؤدية إلى التقيؤ. اسفرت نتائج هذا الإجراء إلى توقف التقيؤ تماماً.

المراجـع

- الحجار، محمد (1989).الطب السلوكي المعاصر. بيروت: دار العلم للملايين.

- الحفني، عبد المنعم (1994). موسوعة علم النفس والتحليل النفسي، ط4، القاهرة: مكتبة مدبولي.

- الخطيب، جمال (1987). تعديل السلوك: القوانين والاجراءات. عمان: جمعية عمال المطابع التعاونية.

- الزراد، فيصل محمد (1992). تعديل السلوك البشري مترجم. الرياض، دار المريخ للنشر.

- Baker, B. L. Cohen, D. C., and Saunders, J. T. (1973). Self directed desensitization for acrophobia. **Behaviour Research and Therapy**, 11. PP. 79-83.

- Baum, M., and Poser, E. G. (1971). Comparison of flooding procedures in animals and man. **Behaviour Research and Therapy**, 9. PP. 249-254.

- Deffenbacher, J. and Kemper, C. (1974) Systematic desensitization of text anxiety in junior high school students. **The School Counselor**, 21, PP. 216-222.

- Garvey, W. P. and Hegren, J. R. (1966) .Desenitization techinques in the treatment of school phobia. **American Journal of ortho psyhiatry**, 36, PP. 147-152.

- Goldstein, A. J and Chambless, D. L. (1978). A reanalysis of agoraphobia. **Behaviour Therapy**, 9, PP. 47-59.

- Kalish, H. I. (1981). **From behavioural science to behaviour modification.** NewYork: Mc Graw Hill Book Co.

- Kravets, R. and Forness, s. (1971). The special classroom as a desensitization setting. **Exceptional Childern,** 37, PP. 389-391.

- Lamontogne, Y., and Marks, I. M. (1973) Psychogenic urinary retention: treatment by prolonged exposure. **Behaviour Therapy,** 4, PP. 581-585.

- Lang, P. J. and Melamed, B. G. (1969) A voidance conditioning therapy of an infant with chronic ruminative vomiting. **Journal of Abnormal Psychology,** 74, PP. 1-3.

- Lazarus, A. A. (1961). Group therapy of phobic disorders by systematic desensitiztion. **Journal of Abnormal and Social Psychotherapy.** 63, PP. 504-510.

- Marks, I. Behaviour Psychotherapy of adult neurosis In S. Garfield and A. E. Bergin (Eds) (1978). **Handbook of psyhotherapy and behaviour modification** (2nd ed). NewYork: John Wiley and Sons, Inc.

- Stampfle, T. G. and Levis, D. J. Essensial of implosive therapy: A learning based psychodynamic behavioural therapy. **Journal of Abnormal Psychology,** 72, PP. 497-503.

- Wolpe, J. (1958). **Psychotherapy by reciprocal inhibition.** Stantord: Stanford University Press.

- Wolpe, J. and Lazarus, A. A. (1966). **Behaviour therapy techniques.** NewYork: Pergaman Press.

الفصل الثاني عشر

تعديل السلوك المعرفي

- ماهية وأهداف تعديل السلوك المعرفي.
- العلاج العاطفي العقلاني.
- التدريب على التعليم الذاتي.
- العلاج المعرفي.
- حل المشكلات.
- نظرية العزو السببي.
- مراقبة الذات.
- الخصائص العامة لإجراءات تعديل السلوك المعرفي.

تعديل السلوك المعرفي

ماهية وأهداف تعديل السلوك المعرفي

ظهرت برامج تعديل السلوك في بداية الستينيات معتمدة بشكل أساسي على النظريات السلوكية التـي تركـز عـلى السـلوك الظـاهر الـذي يحـدث الآن دون الرجـوع إلى الأسـباب الداخليـة لهـذا السـلوك. وسنتعرض لهذه النقطـة في الانتقـادات التـي وجهـت لتعـديل السـلوك. وقـد اسـتخدمت فنيـات لمعالجـة السلوك بشكله الظاهري وتعددت وتنوعت هذه الفنيات بمرور الزمن.

إن السلوك الإنساني لـيس سـهلاً إلى الحـد الـذي أشـارت إليـه النظريـات السـلوكية بـالرغم مـن أهميتها وفاعليتها في تغيير وتعديل كثـير مـن السـلوكات وخاصـة في حقـل التربيـة الخاصـة إلا أن تعـديل السلوك المعرفي يعد إضافة تطورية تغطي جانبـا مـن الجوانـب التـي لم تضـع البـرامج التقليديـة لتعـديل السلوك يدها عليه وهو العمليات المعرفية، وظهرت نتيجة للانتقـادات التـي وجهـت إلى المـدخل السـلوكي الذي يركز على السلوك الظاهر دون النظر إلى العمليات المعرفية، وبالرغم من أن هنـاك تبريـراً لـذلك كـما سيوضح لاحقاً في إطار انتقادات تعديل السلوك، لان الهدف المركزي هو تعديل السلوك الشائك وأي إضافة هي اغناء وإثراء لتحقيق ذلك الهدف. إضافة إلى أن التعديل الذي يحدث انطلاقاً من الذات نفسـها يكـون أبقى وأكثر استقراراً إذا ما قورن بالتعديل الذي يحدث من خلال آخرين باستخدام معززات خارجية، علماً أن احد الانتقادات التي وجهت لتعديل السلوك هـي أن السـلوك المرغـوب فيـه يبقـى مـاثلاً حـال وجـود المعززات، وقد يرجع السلوك إلى حاله السابق حال اختفاء المعززات.

إن التغيير الذي يحدث من خلال الذات يعد تعزيزاً داخلياً، والتعزيز الداخلي هو جزء من السلوك وليس خارجاً عنه كما هو الحال بالنسبة للتعزيز الخارجي فضلاً عن انه اكثر فاعلية.

ان تعديل السلوك المعرفي يهدف تغيير السلوك الشائك من خلال تغيير الأفكار الخاطئة أو الادراكات الخاطئة، لذلك كان فاعلاً في علاج اضطرابات الشخصية وفي إطار علم النفس الاجتماعي.

إن كثيراً من الاضطرابات السلوكية هي نتيجة لادراكات خاطئة، ويمكن للمدخل المعرفي أن يعدل أو يطفئ المشاكل من خلال تصحيح الإدراك الخاطئ للمثيرات البيئية.

ويمكن القول ان تعديل السلوك المعرفي هو عملية ذاتية موجهة تعتمد على إعادة التنظيم للمجال الإدراكي أو لتغيير الأفكار الخاطئة وغير العقلانية لتخفيف أو إطفاء السلوكات الشائكة.

ولكي لا يكون هناك تناقض بين ما ذكرته في الانتقادات الموجهة لتعديل السلوك، وما ذكرنا بالنسبة لتعديل السلوك المعرفي،نرى أن المدخل المعرفي قد يكون أوفر حظاً للأفراد الكبار الذين يمكن الاعتماد عليهم في تغيير السلوكات الخاطئة الناتجة عن إدراك غير حقيقي للمثيرات البيئية أو إعادة البناء المعرفي، بينما يكون المدخل السلوكي اكثر فاعلية مع صغار السن، ومن تكون قدرتهم العقلية متدنية.

إن المبادئ التي يعتمد عليها المدخل المعرفي هي الممارسة الذاتية، والتعزيز الداخلي الذي أشرنا إليه، وفاعليته وخاصة مع الأفراد ذوي القدرات العقلية المناسبة لهذه الأساليب، والتغذية الراجعة. وان السلوك التكيفي ونقيضه يتأثر

إلى حد ما في كيفية إدراك الفرد للأحداث الواقعية. لذلك فان هدف تعديل السلوك المعرفي هـو كيفيـة تصحيح الإدراك الخاطئ وإرجاعه إلى مساره الحقيقي، وهو يختلف، كحـال المـدخل السـلوكي، عـن مـدخل التحليل النفسي في كونه لا ينظر إلى خبرات الطفولة المبكرة باهتمام كبير، لـذلك فان التفكير العلمـي والموضوعي هو الهدف الذي يعكس رجحانا للذات وتقبلها، والابتعاد عن المثالية مما تجعله اكـثر اسـتقراراً وتوافقاً مع الواقع المعاش بدلاً من حالات التصدع والانزواء. كما يهدف إلى غـرز التعامـل بواقعيـة مبتعـداً عن حالات الإطلاق اذ لا توجد حقائق مطلقة وإنما هي نسبية.

وعندما يعتزم الفرد تغيير سلوكه الشائك وفق المدخل المعرفي، فهو يستخدم إجراءات التسجيل الذاتي والسيطرة الذاتية لضبط الذات وتنظيمها.

وعندما يتعقب الفرد ذلك السلوك الشائك فانه يمر بالخطوات الآتية:

1- مراقبة الذات أو الملاحظة الذاتية Self monitoring or self observation

2- التقويم الذاتي Self evaluation حيث يقارن الفرد سلوكه وفـق معـايير السـلوك المقبـول، ويتبـين ذلـك التباين بين ما يفعله، وما يفترض أن يقوم به فمثلاً يقارن الفرد أداؤه، وما يفترض أن يؤديه خلال فـترة زمنية معينة.

3- التعزيز الذاتي Self reinforcement حيث يجري تعزيز الفرد لذاته كلما اقترب من السلوك المستهدف.

العلاج العاطفي العقلاني

يرتبط هذا الأسلوب العلاجي بألبرت أليس الذي وضع أسسه والمعتمد عـلى فكـره مؤداهـا أن الاضطرابات النفسية ما هي إلا نتيجة لأفكار خاطئة أو غير عقلانية. كانت بداية أليس دراسة علـم الـنفس الديناميكي أو مبحث القوى

النفسية وهو العلم الذي يرد الظواهر العقلية إلى ألوان الصراع بين أجزاء الشخصية. وخلال مسيرته اصبح اهتمامه في العمليات المعرفية اكثر من مبحث القوى النفسية، ونتيجة لذلك توصل أليس إلى العلاج العاطفي العقلاني. أليس (Allis, 1962)

إن الاضطرابات النفسية يمكن أن تكون واضحة من خلال معتقداته وأفكاره التي كونها الفرد من خلال العالم والأحداث التي عاشها والتي يغلب عليها التفسير اللاعقلاني. ويمكن للفرد أن يستفيد من التجارب، ويأخذ العبر منها لا أن يكون أسيرا لها. إن عملية التغيير يمكن ان تتأتى من خلال فهم السلوك على انه سلسلة من الأحداث ويكون كالآتي أليس (Allis, 1971)

أ- حدث خارجي يتعرض له الفرد .

ب- سلسلة من الأفكار التي تظهر من استجابته لذلك الحدث.

ج- الوقوف على المشاعر والسلوكات الناتجة عن تلك الأفكار .

د- محاولات المعالج لتغيير تلك الأفكار الخاطئة.

هـ- الوقوف على المشاعر والسلوكات المتغيرة نتيجة للفقرة (د) .

إن العلاج المعرفي العقلاني يحاول أن يفصل بين التصريحات الحقيقية والادعاءات غير العقلانية الصادرة منه. كما هو الحال بالنسبة لفرد ما عندما يشعر انه فقد حب الناس وانه اصبح عديم الجدوى لان احدهم لم يعد يحبه. فالتركيز هنا على مساعدة الفرد بأنه إذا أصبح غير محبوب من قبل فرد ما، فليس من الضروري أن يعمم الحال، أو انه يصبح عديم الأهمية والجدوى.

وهناك اعتقادات خاطئة قد ترتبط بأشكال العصاب، كما يشير إلى ذلك أليس (Allis, 1971) ومنها

- الحياة بائسة وتعيسة إذا لم تسر بالطريقة التي يرغبها.

- إن تعاسة الفرد متأتية من عوامل خارجية ولا يمكن السيطرة عليها أو التحكم بها.

- هناك ضرورة قصوى لان يكون الراشد محبوباً من قبل الأشخاص المهمين له في حياته.

- انه ضروري جدا أن يكون كفوءً بشكل كامل وفاعلا وجدير بالتقدير والاحترام من قبل الجميع.

يركز المعالج بشكل أساسي على الاعتقادات الخاطئة ويحاول برهنة عدم صحتها وتجنبها ويمكن للمعالج أن يعطي المتعالج واجبات بيتية ليتدرب على التحدث الذاتي المناسب وتفسيرات حالات مختلفة، ويمكن أن يسجل الحالات التي تثير مشاعر سلبية، الأفكار الضمنية والأفكار المتنوعة والعرض الذاتي ستؤثر في مشاعره الأمر الذي يؤدي إلى التعديل كذلك يشجع المتعالج على مواجهة المواضيع أو الحالات التي تثير خوفه لكي يدرك بان الأفكار التي اعتاد عليها غير صحيحة ويمكن ان يتعلم كيف يؤدي أداء أفضل في تلك الحالات.

التدريب على التعليم الذاتي   Self Instruction Training

وهو أحد أساليب تعديل السلوك المعرفي الذي يهدف تعليم الفرد على التحدث الايجابي حول الذات من اجل تغيير السلوك المشكل. إن الأساس النظري للتعليم الذاتي يرتكز على أعمال علماء الروس وبشكل خاص لوريا (Luria 1961) وفيكوتسكي (Vygotsky, 1962) اللذين أكدا على دور اللغة في السيطرة على السلوك الظاهر.

إن هذا الأسلوب مشابه إلى حد ما بأسلوب العلاج العاطفي العقلاني إلا أن الأخير يركز على الاعتقادات والأفكار غير العقلانية اكثر من التركيز على التصريح الذاتي لتوجيه وحث سلوك الفرد على الانجاز المطلوب.

يعتمد هذا الأسلوب على استخدام الإيحاء الذاتي وإعادة التحدث الذاتي الايجابي الذي يمكن أن يحسن الفرد بدلاً من الطرق السلبية والانهزامية، والتي تمكن من السيطرة على الاضطرابات النفسية والجسمية.

أي أن إجراءات التعليم الذاتي قد ركزت على أهمية اللغة كموجه للسلوك، ووضع أهمية كبيرة على العناصر اللفظية عند التدخلات في تعديل السلوك المعرفي. ولابد من الإشارة إلى أن تعليم استراتيجية التعليم الذاتي تتطلب توافقاً بين المستويات اللغوية والمعرفية للطفل.

لقد جرب ميكنباوم (Meichenbaum, 1977) التدريب على التعليم الذاتي لتغيير وتعديل مشاكل متنوعة في المختبرات والأطر الإكلينيكية، ولكن كانت تجاربه الأولى مع المرضى الذين يعانون من انفصام الشخصية، وقد ركز اهتمامه بشكل أساسي على إشغال المرضى التحدث العقلاني الايجابي حول الذات اكثر من الجانب اللاعقلاني. وقد لاحظ ميكنباوم أن المرضى بمناسبات عديدة يتحدثون بشكل عام بالشكل العقلاني في الطريقة المشابهة للتعليمات التي أعطيت لهم من المعالج.

لقد وضح ميكنباوم وكودمان (Meichenbaum and Goodman, 1971) خمس خطوات متتابعة للتدريب على التعليم الذاتي وهي:

1- يؤدي المتعلم المهمة (السلوك المطلوب) وهو يتحدث إلى نفسه.

2- يؤدي المتعلم المهمة (السلوك المطلوب) بدعم وتوجيه لفظي من قبل المعلم.

3- يؤدي المتعلم المهمة (السلوك المطلوب) بفاعلية وهو يتحدث إلى نفسه بصوت مسموع.

4- يؤدي المتعلم المهمة (السلوك المطلوب) بفاعلية وهو يتحدث إلى نفسه بصوت مهموس.

5- يؤدي المتعلم المهمة (السلوك المطلوب) وهو يتحدث إلى نفسه بشكل خفي داخلياً (بلا صوت)

ويقترح الباحثان كذلك إلى أن محتوى التدريب على التعليم الذاتي يتضمن عناصر خمسة للدافعية وما بعد المعرفة وهي:

1- التخطيط

2- تعليمات الاستراتيجية العامة والخاصة

3- المراقبة (آلية التغذية الراجعة)

4- تصحيح الأخطاء

5- التعزيز الذاتي

وقد أشارت عدد من البحوث إلى فاعلية هذا الأسلوب وخاصة التحدث الذاتي بلا صوت مسموع إلى تنقيص القلق المتعلق بأداء الامتحان، الخوف من إيذاء الحيوانات، التحدث في الأماكن العامة، الأخطاء الأكاديمية المتأتية من الاندفاع والتسرع.

كما استخدم التدريب على التعليم الذاتي مع الأفراد المضطربين نفسياً وحسن أدائهم في الإدراك والتجريد إضافة إلى التحدث العقلاني. ويمكن استخدام هذا الأسلوب مع الأطفال المندفعين والمتسرعين الذين تكثر أخطاءهم في المهمات

التعليمية، وتدريبهم على الضبط الذاتي من خلال توجيه المعالج للتلميذ أن يتحدث مع ذاته مثل اعمل ببطء، كن مهتماً في عملك، لاحظ بدقة عملك وهكذا بصوت مسموع أولا ومن ثم بصوت خفي.

العلاج المعرفي   Cognitive therapy

إن هذا المصطلح يمكن أن يستخدم كمصطلح نوعي مرادف لتعديل السلوك المعرفي، ثم أصبحت طرق علاجية اعتنقها بيك (Beak, 1976).

إن العلاج المعرفي مشابه لأساليب العلاج المعرفي العقلاني لأليس والتدريب على التعليم الذاتي لميكنباوم في تركيزه على التصحيح القائم على التحدث الذاتي والأفكار الخاطئة.

لقد تدرب بيك (Beck) أصلا على مبحث القوى النفسية كزميلة أليس وخلال ملاحظاته للأفراد المضطربين نفسياً وخاصة أولئك الذين يتصفون بالاكتئاب توصل إلى إن العمليات المعرفية هي لب هذه العلل. إن ما يميز كثير من المشكلات النفسية بانها غير منطقية وغير عقلانية إذا ما حوججت من قبل الآخرين غير الفرد الذي يعاني منها.

ويقترح بيك أن فهم وتفسير المرضى وبعض المشكلات من وجهة نظرهم هي منطقية ويمكن أن تكون أسست على افتراضات ومقدمات غير عقلانية لحقوقهم الذاتية.

ويمكن معالجة هذه الأفكار غير العقلانية من خلال العلاج المعرفي، ولتحديد وتغيير الأفكار اللاعقلانية، على المريض أن يمر بالخطوات التي ابتكرها بيك وهي الآتي:

1- يدرب المسترشد على أن يدرك الأفكار الغريبة وغير المألوفة أو الأفكار الذاتية التي تعكس الخطأ أو الواقع المشوه (المحرف).

2- يدرب المسترشد على استعراض الأفكار الغريبة غير المألوفة بشكل موضوعي.

3- يتعلم المسترشد إدراك الأفكار المشوهة والتي لا ترتبط إلى الواقع بشكل واضح.

4- يشجع المسترشد على تصحيح المعارف والأفكار المشوهة أو القصور في هذه الأفكار من خلال مراجعة التفكير الخاطئ.

يتضمن التفكير الخاطئ الاستنتاجات الاعتباطية التي لا تعتمد على أسس منطقية وأدلة كافية، والتعميم المفرط وهي نظرة قاصرة يعممها الفرد من خلال جزئية معينة، وتعظيم الأمور أي تكبير الأمور وعدم إعطاء الأمور المهمة حقها، أو تقليل ما هو مهم حقيقة.

لقد ارتبط هذا الأسلوب العلاجي بشكل أساسي بحالات الاكتئاب فهو يرتبط بأنواع التفكير اللاعقلاني أو الشاذ الذي سبق ذكره ، وقد أثبتت فاعليته من خلال التجارب التي أجراها بيك (Beck, 1976) وروش وبيك وكوفاكس وهالكون (Rush, Beck, Kovacs, and Holcon, 1977) .

حل المشكلات   Problem Solving

لقد استخدم هذا الأسلوب العلاجي بشكل واسع في البحوث المختبرية على كل من الحيوان والإنسان، فقد امتد هذا الأسلوب إلى أعمال ثورندايك من خلال تجاربه على الحيوانات.

أما جون ديون في الظاهر (1999) فقد وصف حـل المشكلات الفاعل للإنسـان في كتابـه كيـف نفكر ووضع استراتيجية المتكونة من خمس مراحل هي:

1- الشعور بالمشكلة والاعتراف بها على أنها مشكلة حقيقية موجودة.

2- تحديد المشكلة بشكل دقيق لجوانبها المختلفة، وما لم تحدد المشكلة بشكل دقيق لا يمكن أن يصار إلى حلها بشكل سليم.

3- اقتراح الحلول الممكنة التي تتناسب مع طبيعة المشكلة.

4- اختيار الحلول الأفضل حظاً للنجاح.

5- تنفيذ الحلول.

أما التطبيقات العلاجية المعاصرة لحل المشكلات فهي قريبة من تلك التي اقترحها ديـوي. وقـد عد هذا الأسلوب احد أشكال تعديل السلوك المعرفي لأنه يركز على بناء أساليب لمواجهـة مشاكل متعـددة أكثر من تركيزها على السلوك الظاهري.

يمكن للمسترشد أن يعلم كيف يفكر لحل مشاكل معينة، وقد يساعده في ذلك المعالج من خلال طرح الحلول الممكنة التي تساعد المسترشد علـى اختيـار أحـد هـذه الحلول والتي يراها مناسبة لحل مشكلته.

تتطلب المعالجة خطوات خمس (D'zurilla, Goldfried, 1971)

1- الاتجاه العام لمساعدة المسترشد لإدراك المشكلة والاعتراف بها والتأهب لحلها.

2- ترجمة العام إلى عناصره الدقيقة أو تحديد المشكلة بشكل دقيق.

3- يشجع المسترشد على التفكير بالحلول الممكنة التي يمكن أن تكون مفيدة لحل المشكلة.

4- يجب أن يقرر المسترشد اختيار احد الحلول الممكنة من خلال تقييم نتائجها ليتبع ما هو افضل له.

5- ينفذ المسترشد احد الحلول التي اختارها والتي يعدها افضل الحلول التي تناسب مشكلته، ويقيم النتائج وإذا لم يصل إلى حل مرضي، يمكن أن يختار حلاً بديلاً آخر.

إن المرشد يحاول مساعدة المسترشد في كل خطوة من الخطوات السابقة ويمكن أن يدرب المسترشد على حل المشاكل البسيطة ، ويتدرج نحو حل المشكلات الأصعب.

نظرية العزو السببي Causal Attribution Theory

تتلخص هذه النظرية في نسب الأسباب المؤدية إلى السلوك إلى عوامل خارجية أو داخلية، ووفقاً لهذه النظرية فإن أسباب الفشل والنجاح أما أن تعزى إلى عوامل خارجية كالحظ والنصيب أو أن تعزى إلى أسباب داخلية ذاتية متعلقة للفرد.

إن عزو عوامل الفشل والنجاح إلى عوامل خارجية تجعل من الفرد إن يكون سلبيا غير فاعل، ولا يستطيع التحكم بالأمور، في حين أن عزو عوامل الفشل والنجاح إلى أسباب ذاتية متعلقة بالفرد تجعله اكثر فاعلية ونشطاً في عملية التغيير والتعديل.

لذلك فان الهدف من هذه النظرية هو التركيز على الجانب الفاعل والعوامل الذاتية التي تجعل الفرد يتحكم بنفسه من خلال التفكير المنطقي العقلاني الذي يؤدي به إلى تذليل المشاكل التي تعترضه أو تلك التي تحتاج إلى حل، فهي بمثابة تدريب

الفرد على التحكم والضبط الذاتي، وان يبتعد عن ترك الأمور على عواهنها أو يستسلم.

إن التحكم بالسلوك من خلال التفكير المنطقي العقلاني تؤدي إلى الكفاية الذاتية "الضبط الذاتي"

مراقبة الذات Self monitoring

وهي من الأساليب التي وصفت بأنها سلوكية معرفية، وتتلخص بتعليم الأفراد مراقبة أنفسهم لغرض الوقوف على السلوكات غير المرغوبة لأجل تصحيحها وممارسة السلوك المرغوب فيه ودعمه، مما تؤدي إلى ضبط النفس لتجنب السلوكات غير المرغوبة. يمكن أن يستخدم في تعليمه وتدريب كثير من السلوكات الأكاديمية والمهارية والسلوك الاجتماعي المقبول ، واضطرابات النطق والكلام .

إن هذا النوع من إجراءات تعديل السلوك المعرفي يتضمن التقييم الذاتي والسيطرة الذاتية . واكثر الإجراءات التي اتبعت ضمن هذا الأسلوب مع الأطفال غير الاعتياديين هي (سيمون 1985 ,Simon) .

1- يزود الأطفال بإشارة كمفتاح للتقييم الذاتي. فمثلاً إذا كان السلوك المستهدف هو الانتباه أو أي سلوك اجتماعي مقبول فيصار إلى إصدار نغمة من شريط كاسيت في أوقات عشوائية تكون بمثابة إشارة إلى التقييم الذاتي.

2- يُعلم الأطفال أجوبة لفظية ذاتية لأسئلة معينة عند تقييمهم الانجاز، وهو موجه ذاتياً، ويحتاج إلى إجابة بنعم أو لا ومن الأمثلة على هذه الأسئلة: هي كنت منتبهاً؟ هل كانت عيوني على المهمة؟ هل حللت المسألة بشكل صحيح؟

3- بعد ان يقيم الطفل السلوك، يتطلب منه عمل حكم يؤشر فيه هل أن السلوك المستهدف حـدث، أو لم يحدث عند سماع الإشارة أو المفتاح؟ وهذه مهمة جداً بالنسبة للطفل لفهم واضح ومحـدد للسـلوك المستهدف. فهو يسعى لتحقيق متطلبات ذلك السلوك المستهدف.

4- يسجل الطفل نتائج تقييم السلوك من خلال آلية تسجيل معينة، على سبيل المثال ورقة تحتـوي عـلى أعمدة لنعم أو لا لتسجيل حدوث أو عدم حدوث السلوك.

إن العناصر الرئيسية لإجراء تدريب المراقبة الذاتية يتضمن نموذج إجرائي يقوم به راشد، وتقيـيم معرفة الطفل أو تعريفات السلوك المستهدف. والمحاولـة الإجرائيـة للطفل بتوجيـه الراشـد (المعلـم) مـن خلال التغذية الراجعة التصحيحية. وبعدها يمكن أن تتلاشى جميع المساعدات التـي تقـدم للطفل بحيـث يعتمد على نفسه.

ولزيادة فاعلية هذا الأسلوب يفضل استخدامه بشكل مبكر وبشكل مستمر في المراحل المبكـرة، وتسجيل السلوكات المرغوبة وغير المرغوبة تكون بمثابة فرز بين المعقول والالتزام به وغير المقبـول بتجنبـه، ويمكن دعم هذا الأسلوب باستخدام أساليب أخرى مثل التقييم الذاتي، التعزيز الذاتي والتعزيز الخارجي.

إن هذا الأسلوب يمكن استخدامه مع الصغار والكبار وتكون فاعلة بشكل كبير إذا ما التزم الفـرد بتطبيقها، وان التغيير الايجابي الحاصل يكون بمثابة تعزيز داخلي ودافع إلى الالتـزام وضبط الـذات والـذي يعكس بظلاله الايجابي على تفكير الفرد.

الخصائص العامة لإجراءات تعديل السلوك المعرفي

1- إن جميع إجراءات تعديل السلوك المعرفي تزود الفرد بتعليمات مباشرة لاستراتيجية معينة. إذ يعلم الفرد الخطوات الضرورية للاستراتيجية لانجاز المهمة الخاصة أو لتعديل سلوك معين. يتخلل أي استراتيجية عمليتي نمذجة إذ يتطلب الأمر نموذجاً يقوم بخطوات الاستراتيجية لكي تقلد من قبل الأطفال، وتدريب لضمان استيعاب الأطفال للاستراتيجية. كما يتطلب الأمر كذلك استيعاب الأطفال للغرض أو الهدف من هذا الأجراء، وتعليمهم أيضا طرقاً لتحسين إنجاز المهمة.

2- تتضمن إجراءات تعديل السلوك المعرفي التلفظ الذاتي للاستراتيجية المعرفية حيث تبدأ كثير من التدخلات المعرفية بتعليمات للطفل أن يستخدم التلفظ العلني، وينتقل بشكل تدريجي إلى التلفظ الخفي (غير المسموع) إذ قد يستخدم الطفل كلام خاص به لتغيير وضبط السلوك.

3- إن للفرد في هذه الأساليب المعرفية دوراً فاعلاً في العملية العلاجية مما يزيد من دافعيته في عملية ضبط السلوك.

4- يمكن أن تكون هذه الاستراتيجيات مدخلاً هاماً في رؤية الفرد لنفسه من خلال الالتزام الذاتي لتحسين السلوك، وما يفرزه ذلك على المحيط الذي يتعامل معه لأن الانسان كائن اجتماعي في حركة دؤوبة من التفاعل الإنساني، فأي تحسن سيعكس نظرة ايجابية عن الآخرين والعكس صحيح.

المراجـــع

- الظاهر، قحطان احمد (1999). **طرق التدريس العامة**. ليبيا، الزاوية، المكتبة الجامعية.

- Beck, A. T. (1976). **Cognitive therapy and emotional disorders**. NewYork: International University Press.

- D'Zurilla, T. J. and Goldfried, M. R. (1971). Problem solving and behaviour modification. **Journal of Abnormal Psychology**. 78, PP. 107-126.

- Ellis, A. (1962). **Reason and emotion in psychotherapy**. New York: Lyle Stuart.

- Ellis, A. (1971). **Growth through reason: verbatim cases of rational emotion therapy**. Palo Alto: Science and Behaviour book.

- Meichenbaum, D. J. (1977) .**Cognitive behaviour modification: An integrative approach**. New York: Plenum Press.

- Meichenbaum, D. H. and Goodman, T. (1971). Training impulsive children to talk to themselves: A means of developing self control. **Journal of Abnormal Psychology**, 77, PP. 115-126.

- Rush, A. S., Beck, A. T. Kovacs, M. and Holcon, S, (1977) Comparative efficacy of cognitive therapy and pharmacotherapy in the treatment of depressed out Patients. **Cognitive Therapy and Research**, 1977, 1, PP. 17-37.

- Simon, C.S. (1985).**Communication skills and classroom success**. Britain: College Hill Press.

الفصل الثالث عشر

المعلم وتعديل السلوك

المعلم وتعديل السلوك

ان تعديل السلوك من المداخل المهمة التي يمكن تطبيقها في اطار الصف، حيث اشارت البحوث الى انها تزود المعلمين بمعلومات فاعلة في كيفية التعامل مع كثير من المشاكل التي تواجهنا في مدارسنا سواءً تلك التي تتعلق بالجانب السلوكي أو الجانب الاكاديمي.

يقول روس (Ross, 1969) في هذا الصدد ان تعديل السلوك يزود المعلم بمساعدات دقيقة يمكن استخدامها مع التلاميذ لتعليم أمثلة من السلوك المرغوب إذ ان هناك علاقة وثيقة بين السلوك والتحصيل، وهذا ما أكدته دراسة كامبرون (Cambron, 1981) التي أسفرت نتائجها على نقصان السلوك غير المرغوب فيه وتحسن الجانب الاكاديمي لعينة من الأطفال بلغت (30) طفلاً.

لذلك فقد تطرق بعض الباحثين الى اختبار موقف المعلمين من تعديل السلوك، فهذا سياكليا (Ciaglia, 1974) قام بدراسة لمعرفة أثر برنامج تدريبي اثناء الخدمة لمدة (32) اسبوعاً في:

1- تبديل الاتجاهات والسلوك التعليمي لمجموعة من معلمي المدرسة الابتدائية.

2- تغيير السلوك اللفظي لتلاميذ هؤلاء المعلمين المدربين.

شملت عينة الدراسة (48) معلماً، (25) منهم يمثلون المجموعة التجريبية، و(23) منهم يمثلون المجموعة الضابطة.

توصلت الدراسة الى وجود تعديل ايجابي في الاتجاهات العامة للمعلمين، وسـلوكهم أو نظـرتهم نحو التلاميذ الضعفاء، كما أظهرت الدراسة ان تلاميذ المجموعة التجريبية اتسم سلوكهم بالمبادأة اكثر مـن تلاميذ المجموعة الثانية.

أما فري (Frey, 1974) فقد أجرى مسحاً لأراء (406) شخصاً ممن تدربوا على استخدام أساليب تعديل السلوك. ومن النتائج التي توصل اليها المسح: أن (90%) شعروا أن لها تأثيراً كبيراً في تعـديل سـلوك التلاميذ و (27%) شعروا أن التدريب على هذه الأساليب يحسن التفاعل اليومي مع التلاميذ.

ويؤكد ريد وسليتر (Redd & Sleator, 1978) بجلاء على أهمية هذه الأساليب، حيث أنها تعلـم بشكل روتيني في برامج معظم الجامعات لتدريب المعلمين في الولايات المتحدة، والبحوث أظهرت، إن المعرفة حول تعديل السلوك تؤدي إلى تحسين الاتجاه حولها، وهي تقود الى تحسين سلوك التلاميذ.

أما أبرز الدراسات التي هدفت إلى معرفة قياس اتجاهات المعلمين حول تعديل السـلوك، هـي دراسة موسكروف (Musgrove) في ويلدول وكونكريف (Wheldall & Congreve, 1981) فقد بنى استبياناً من عشرين فقرة (13) منها ايجابية و(7) منها سلبية. تكون المقياس من خمس درجـات (موافق بشدة- موافق- لا ادري غير موافق- غير موافق بشدة) أعطيت الفقرة الأعلى ايجابية (5) درجات، والأكـثر سلبية درجة واحدة.

أما فقرات السلوك فكانت كالآتي :

* - فوائد تعديل السلوك مبالغ فيها.

- لتعديل السلوك امكانيات غير محدودة.

الفقرات التي تسبقها اشارة * سلبية.

- اتمنى لو انجزت تعليمي في اطار تعديل السلوك.

* إن تعديل السلوك غير قادر على مواجهة متطلبات السلوك المعقد.

- إن التحسن الذي يتحقق من جراء استخدام تعديل السلوك يستحق الوقت الزائد المطلوب لمنح المكافآت.

* - يسبب تعديل السلوك كثير من الخلافات بين التلاميذ.

- يساعد تعديل السلوك الطفل تعلم كيف يتكيف مع البيئة.

- يفترض تخصيص اموال كافية لبرامج تعديل السلوك.

* يدعو تعديل السلوك الى توقف التلميذ عن المشاركة في المهمة التعليمية عندما لا تتوفر المكافآت.

- يدعم تعديل السلوك التطور الاخلاقي.

- يحسن تعديل السلوك التحصيل الاكاديمي.

- يفضل الناس تعديل السلوك كلما ازدادت معرفتهم به.

- يمكننا تعديل السلوك من الاختيار الأفضل في شؤون حياتنا.

* سيكون المعلمون ممنوعين من استخدام تعديل السلوك في صفوفهم.

* تعديل السلوك هي الكلمة المرادفة للطغيان والاستبداد.

* الإضافة المطلوبة للنفقات لشراء المكافآت لا تساوي الناتج الفعلي لبرامج تعديل السلوك.

- يحسن تعديل السلوك جميع الحالات الصفية.

- يساعد تعديل السلوك على تحسين العلاقة بين الأطفال.

- يساعد تعديل السلوك على احداث السلوك المرغوب.

طبق هذا المقياس على عينة عشوائية متكونة من (280) معلماً من المرحلة الابتدائية في فلوريدا.

اظهرت نتائج المقياس إنَّ المتوسط الحسابي للعينة جميعها (64.32) بانحراف معياري (13.31) والتي تدل على أن هناك اتجاهاً ايجابياً نحو تعديل السلوك.

واستخدم ثورول وريان (Thorall & Ryan, 1976) المقياس نفسه على عينة متكونة من (92) معلماً للمرحلة الابتدائية في نيوزلندا. وتوصلت الدراسة إلى أن المتوسط الحسابي الذي يمثل اتجاه المعلمين نحو تعديل السلوك بلغ (69.32) وهو أعلى من اتجاه المعلمين للدراسة السابقة (Wheldall and Congreve, 1981)

ونبقى ضمن هذا الإطار، فقد قام مريت (Merrett, 1981) بدراسة على عينة بلغت (110) طلاب للمرحلة الثالثة في كلية التربية (25) طالباً يمثلون المجموعة التجريبية و(85) طالباً يمثلون المجموعة الضابطة.

أعطيت المجموعة التجريبية كورسا في تعديل السلوك. لقد تنبأ الباحث ما يأتي:

1- سيكون سجل طلبة المجموعة التجريبية أعلى من سجل المجموعة الضابطة على أوراق تقييم المشرف.

2- ستكون علامات المجموعة التجريبية أفضل في المادتين التي تتعلق بإستخدام التعزيز الاجتماعي الموجب في الصف.

3- إن التجربة والتمرين المتتابع سيحقق تغييراً في اتجاه المجموعة التجريبية نحو تعديل السلوك، كما قيس باستبيان موسكروف (Musgrove, 1974) .

وبعد الانتهاء من التدريس العملي طبق استبيان تقييم التدريس العملي للعينة جميعها، اظهرت النتائج أن معدل المجموعة التجريبية أعلى من المجموعة الضابطة لكل فئة من فئات التقييم، لكنها لم ترق إلى مستوى الدلالة الاحصائية إلا في جانب الإنجاز، فكان دالاً احصائياً ($p < 0.05$) ولم يتحقق التنبؤ الثاني من خلال درجات المجموعتين التجريبية والضابطة.

أما بالنسبة للتنبؤ الثالث فعند تطبيق مقياس موسكروف (Musgrove 1974) على المجموعة التجريبية قبل اعطاءهم كورس في تعديل السلوك، ثم اعيد تطبيق المقياس بعد اعطاءهم الكورس والانتهاء من التطبيق العلمي. ظهر فرق دال احصائياً في اتجاههم نحو تعديل السلوك ($p < 0.001$)

أما دراسة جايلدز وموس (Childs and Moss, 1980) فقد قارنت بين المعلمين المتدربين على تعديل السلوك أثناء الخدمة والمعلمين غير المدربين.

ومن ضمن النتائج التي توصلت إليها الدراسة:

1- التعليمات اللفظية لتلاميذ المعلمين المدربين على برامج تعديل السلوك ضعفان قياساً بالمعلمين غير المدربين.

2- إن المعلمين المدربين كانوا شعلة من التفاعل اللفظي مع التلاميذ، فهم منهمكون، ولا يشعرون في فراغ، في حين أن المعلمين غير المدربين كثيراً ما يكونون صامتين، مما يؤدي إلى رتابة الدرس.

3- لقد حسن المعلمون المدربون على تعديل السلوك وغيروا كثيرا من سلوكات التلاميذ نحو الأحسن قياساً بالمعلمين غير المدربين.

وفي هذا السياق قام اندرسون (Anderson 1983) بدراسة تهدف تقييم فاعلية تدريب المعلمين على تعديل السلوك والإرشاد. اعطيت رزم تدريبية لعينة

متكونة من (54) معلماً على تعديل السلوك والارشاد يعتمد في فاعليتها على مـدى معرفـة المعلـم بمبـادئ ومفاهيم تعديل السلوك من خلال تحديد المشكلات العامة والخاصة، وتحليلها واستخلاص التقييم السلوكي للمشكلة، وكذلك على ما يبديه الشخص المرشد من سلوكات لفظية، إن من بين النتائج التي توصلت إليها الدراسة أن التدريب كان فاعلاً في زيادة معرفة المعلم للإجراءات السلوكية، كما كان فـاعلاً في زيادة تكلـم المعلم بما يتعلق بالسلوك الظاهر للطفل، وأساليب الملاحظة النظامية، وخطط التدخل السلوكي.

وأجرى ويلدول ومريت وبـورغ (Wheldall & Merrett & Borg, 1985) دراسـة هـدفت معرفـة تأثير تدريب المعلمين على أساليب تعديل السلوك في:

1- استجابة المعلمين الموجب نحو السلوك الاجتماعي والاكاديمي.

2- استجابة المعلمين السلبي نحو السلوك الاجتماعي والاكاديمي.

3- انخراط التلاميذ بالدرس.

تكونت عينة البحث من (11) معلماً (ستة) منهم يمثلون المجموعة التجريبية و(خمسة) يمثلـون المجموعة الضابطة.

لوحظ المعلمون والتلاميذ من قبل ملاحظين كانا على درجة من الكفاءة، يدخلون مـع المعلـم في أحد جوانب الصف. وكان عدد الصفوف التي خضعت للتجربة (25) صفاً. جرت الملاحظـة النظاميـة قـبل التجربة وبعدها. وركـزت عـلى جـانبين، الجانب الأول يتعلـق بملاحظـة المعلمـين في تسجيل استجاباتهم الايجابية والسلبية للسلوك الاجتماعي والاكاديمي. أما الجانب الثاني فيتعلق في قياس مدى انغماس التلاميذ بالدرس.

استخدم في الدراسة اختبار (t) وتحليل التباين المشترك (Analysis of Covariance) . أظهرت النتائج عند مقارنة المجموعة التجريبية والمجموعة الضابطة، إنه لم يكن هناك فرق دال احصائياً بين استجابات المعلمين السلبية والايجابية المتعلقة بالسلوك الاجتماعي والاكاديمي، وكذلك انهماك التلاميذ بالدرس بين المجموعة التجريبية والمجموعة الضابطة قبل التجربة وقبل دخول المجموعة التجريبية برنامج تدريبي على تعديل السلوك.

أما نتائج الدراسة بعد التجربة فقد توصلت إلى أن هناك فروقاً دالة ولصالح المجموعة التجريبية:

1- إن هناك فرقاً دالاً احصائياً عند مستوى (0.01) على اختبار (t) لاستجابات المعلمين الايجابية المتعلقة بالجانب الاكاديمي، أما على اختبار تحليل التباين المشترك فكانت دالة عند مستوى (0.001).

2- إن هناك فرقاً دالاً احصائياً عند مستوى (0.001) على اختبار (t) لاستجابات المعلمين الايجابية المتعلقة بالجانب الاجتماعي، كذلك لها نفس الدلالة على اختبار تحليل التباين المشترك.

3- إن هناك نقصاً دالاً احصائياً عند مستوى (0.05) على اختبار (t) الاستجابات المعلمين السلبية المتعلقة بالجانب الاكاديمي، كذلك الحال بالنسبة لاختبار تحليل التباين المشترك.

4- إن هناك نقصاً دالاً احصائياً عند مستوى (0.05) على اختبار (t) لاستجابات المعلمين السلبية المتعلقة بالجانب الاجتماعي، لكنها لم تكن دالة احصائية على اختبار تحليل التباين المشترك.

5- ان هناك فرقاً دالاً احصائياً عند مستوى (0.001) على اختبار (t) لانهماك التلاميذ بالدرس ولصالح المجموعة التجريبية، كذلك كانت دالة احصائياً عند مستوى (0.001) على اختبار تحليل التباين ولصالح المجموعة التجريبية.

نستنتج من ذلك إنه لم تظهر ادبيات الموضوع بشكل عام اتجاهاً واحداً نحو تعديل السلوك وإنما كانت مختلفة بين السلبية والايجابية والحيادية. ولكن قد يكون القسم الأكبر منهم ذا اتجاه إيجابي نحو التعزيز الايجابي بشكل خاص، والبعض الآخر يقتصر موقفه الايجابي على الجانب النظري لتعديل السلوك دون الجانب التطبيقي، وآخرون يؤكدون على الجانب التطبيقي، وهذا ما أشارت إليه دراسات ويلدول وكونكريف (Wheldall & Congreve) .

وقد يعزى الكاتب الموقف السلبي لتعديل السلوك إلى عدم المعرفة الواسعة والمعمقة لها. لذلك بينت الدراسات، أنه كلما ازدادت المعرفة بتعديل السلوك كلما تحسن الاتجاه الايجابي نحوها (نفس المصدر السابق).

- لم يقتصر تأثير تعديل السلوك على الجانب السلوكي فقط، وإنما انعكس كذلك على الجانب الاكاديمي. إذ أن العلاقة وثيقة بينهما، فيؤثر كلا منهما في الآخر، كما أشار إلى ذلك كامبرون (Cambron 1981) .

- تضمنت الدراسات مواقف المعلمين نحو تعديل السلوك اثناء الخدمة، وقبل الخدمة، وأظهرت بشكل عام اتجاهاً ايجابياً. كما جاء في دراسات سياكليا (Ciaglia 1974) وموسكروف (Musgrove, 1974) ثورول وريان (Thorall & Ryan 1976) مريت (Merrett 1981) جايلدز وموس (Childs and Moss, 1980) اندرسون (Anderson, 1983) ويلدول ومريت وبورغ (Wheldall, & Merrett and Borg, 1985) .

ولكن لم تذكر الدراسات متغيرات أخرى قد يكون لها أثر في اتجاه المعلمين نحو تعديل السلوك الخاصة اثناء الخدمة وهي:

الجنس: فقد لا يتطابق الجنسان في مواقفهم نحو تعديل السلوك، إذ قد تتأثر المعلمات بتعديل السلوك أكثر من المعلمين، وخاصة أن أدبيات تعديل السلوك تؤكد بشكل رئيسي- على التعزيز الايجابي أكثر من العقاب واشكاله.

وقد يكون تجاوب المعلمات الاناث اكثر من المعلمين الذكور نتيجة للتكوين البيولوجي وظروف التنشئة التي مروا بها. فالوالدان يشجعان في الذكور سلوكات السيطرة والتوكيدية والاستقلال المعرفي، والنشاطية. في حين يشجع في الاناث سلوكات الدفء والحساسية والعطف، والمساعدة، والتأييد والتعاون (رشاد، 1991، ص19). كذلك يتأثر موقف المعلمين نحو تعديل السلوك بالعمر، فالمعلم المسن يميل إلى الاستقرار في مواقفه، بينما الصغير السن يمتلك مرونة أعلى، لذلك يمكن أن يتأثر بتعديل السلوك أكثر من المعلم المسن.

كما يتأثر اتجاه المعلمين نحو تعديل السلوك بالتأهيل إذ يذكر برسلاند (Presland, 1980) في هذا الصدد أنه من الصعب لمدرس المرحلة الثانوية من تغيير اتجاهه، في حين يمكن لمعلم المرحلة الابتدائية من تغيير اتجاهه.

كما أن لعدد سنوات الخبرة تأثيراً في اتجاه المعلمين، إذ ليس سهلاً للمعلم ذي الخبرة الطويلة أن يغير موقفه.

كما لم تشر الدراسات إلى نوع المتعلم الذي يؤثر في موقف المعلمين نحو تعديل السلوك. إذ يمكن القول في هذا الصدد أن معلمي التربية الخاصة اكثر تأثيراً ببرامج تعديل السلوك من المعلمين العاديين، وذلك لأن الأساس الذي يعتقده الكاتب في أن اساليب تعديل السلوك تكون أكثر فاعلية مع من يحتاج الى رعاية خاصة.

ومن خلال ما تقدم، يمكن القول أن تدريب المعلمين قبل الخدمة على تعديل السلوك قد يكسبهم اتجاهاً ايجابياً بشكل أيسر من المعلمين اثناء الخدمة. كما إنه كلما قلت سنوات خدمة المعلمين كلما كان أيسر في تغيير اتجاههم وقناعتهم نحو برامج تعديل السلوك.

المراجـــع

- Anderson, T. K. (1983). An evaluation of teacher training in consultation and behaviour modification as a mean for increasing the frequency of specific categores of consultee verbal behaviour **Dissertation Abstract International**, 44, 11, May 1984.

- Childs, S. J. and Moss. G. (1981) In service training for teachers in behavioural psychology, problems of implementation. In wheldall. K. (Ed) **The behaviourist in the classroom.** **Educational Review**, offest publication No.1 Brimingnam.

- Ciaglia, E. R. (1974). The effect of an instructional behaviour and skills development program upon in service teacher behaviour **Dissertation Abstract International**. A 12 PP. 7020-7021.

- Combron, D. E. (1981) Effects of modeling on academic task in reducing disruptive classroom behaviour in Impulsive children. **Dissertation Abstracts International**. 12, 06 October.

- Frey, S. H. (1974) Teacher and behaviour modification In, Wheldall, R. and Congreve, S. (1981) The attitude of British teachers toward behaviour modification. **Educational Review**, 32, Birmingham.

- Merrett, F. (1981) Teahing teacher behaviour modification: the effect on attitude and behaviour. **Educational Review**. Offest Publication, 1, Birmingham.

- Presland, J. (1980) Behaviour modification in secondary school. In G. Upton and A. Gobell. (Eds) **Behaviour problems in the comprehensive school.** Cardiff, Faculty of Education, University College Cardiff.

- Redd, W. and Sleator, W. (1978) Take a charge. A person guide to behaviour modification. In K. Wheldall and S. Congreve (1980) The attitude of British teacher toward behaviour modification **Educational Review**. 32, 1.

- Ross, K. O. (1969). The application of behaviour principles therapeutic education. In W. Dupont, (Ed) **Education emotionally disturbed children.** NewYork: Holt Rinehart and Winston Inc.

- Wheldall, K. and Congreve, S. (1981) The teacher and behaviour modification: what do they think of it sofar . In K. Wheldall, (Ed) The behaviourist in the classroom. **Educational Review. Offest publication, No. 1.**

الفصل الرابع عشر

الانتقادات التي وجهت لتعديل السلوك

الانتقادات التي وجهت لتعديل السلوك

هناك انتقادات كثيرة وجهت لتعديل السلوك، قسم منه ناتج عن عدم فهم تعديل السلوك، والقسم الآخر اعتقادهم بأن النظريات الأخرى هي الأهم والأفضل. وتتلخص هذه الانتقادات بما يأتي:*

1- تعديل السلوك يرتكز على رشوة التلاميذ حيث يعدون التعزيز والرشوة وجهان لعملة واحدة. وهذا هو النقد المتكرر لتعديل السلوك قبل الرد على هذا النقد، لابد من القول، إن إجراءات تعديل السلوك هي في أغلب الأحيان علاج لمشاكل سلوكية، وقد تكون المعززات غير مادية، كالمعززات الاجتماعية، أو قد تكون من صنع المعلم.

إن المعلمين أنفسهم كما هم التلاميذ يقدرون ويتمنون التقدير الايجابي سواء من قبل الإدارة، أو المشرف أو من الجهة التربوية المسؤولة، وهذا شيء اخلاقي وقانوني، بينما الرشوة كما عرفها وبتسر (Webster, 1970, p. 176) هو اعطاء أو وعد بشيء ما وخاصة النقود لجعل شخص ما يقوم بعمل غير قانوني وغير صحيح.

أما التعزيز فهو يساعد الفرد على اكتساب سلوكات اجتماعية مقبولة، وهناك من يقول أن المعززات الخارجية تؤثر سلباً في الدافعية الداخلية، وهذا كلام غير منطقي لأن المعززات الخارجية تؤثر ايجاباً في الدافعية الداخلية، وهذا ما أكد عليه هايمان (Hyman 1985) في دراسته على أهمية المكافأة في الشعور بالكفاءة وهي المفتاح الأساسي للدافعية الداخلية.

* انظر (Poteet, 1974) (Upton, 1983) (Exelord, 1983) (Harrop, 1983) (Al-Dahir, 1987)

كما أن الهدف ليس تغيير السلوك تغيراً آنياً في ظرف ما فحسب، وإنما استمرارية وتعميم ذلك السلوك، كما ان هناك فرقاً بين الرشوة والتعزيز حيث تحدث الرشوة غالباً قبل السلوك بينما يحدث التعزيز بعد السلوك.

2- من أعطى المعلم الحق لتغيير سلوك التلاميذ؟

إن هدف التربية الأول كما هو معروف بالأمم المتحدة هو خلق مواطن صالح، فما يقوم المعلم به من فعاليات كمتابعة المناهج، واختيار المواد والشرح والنقاش، وعمل الواجب، وتصحيح الأعمال إلى غيرها من الأعمال هو لخلق مواطن صالح. إذن من الطبيعي أن يستخدم كل الوسائل والطرق الكفيلة بخلق جو صحي يدعو إلى خلق مواطن صالح بعيداً عن السلوكات التي يمكن أن تكون ذات أثر سيء في المجتمع.

فالتربية بمفهومها العلمي والواقعي هي في الأساس عملية تعديل كما يريده المجتمع، كما أن الأفراد الذين لا يكون عندهم قدراً كافياً من الالتزام فقد يؤدي بهم المطاف إلى أن يحرموا أنفسهم من الحرية، وقد تؤول بهم إلى السجن أحيانا إذا ما تركوا يتصرفون بأهوائهم.

3- إن برامج تعديل السلوك تنكر حرية الاختيار فهي اجراءات هدفها تعديل السلوك رضوا ذلك أم أبوا ..

لا يمكن القبول المطلق بهذا النقد، لأنه لا يمكن اعتبار المشاكل السلوكية كالاعتداء على الغير، الفوضى في الصف، استخدام ألفاظ نابية حرية وإنما يمكن تسميتها فوضى. فالقوانين العامة في كل العالم سنت من أجل الإنسان وإجراءات تعديل السلوك ما هي إجراءات لتعزيز السلوك الجيد، وتنقيص أو تعديل السلوك غير المرغوب فيه. ولكن قد يقول مناقش أن طفلاً يفضل أن يعيش مع نفسه دون

مشاركة الآخرين، وهذا هو نتاج العوامل الجينية وتاريخ الطفل فلماذا نتدخل لتغييره؟

انطلاقاً من الجانب التربوي، لا يمكن القول أن هذه الحالة هي صحية وسليمة، ولها أبعادها الايجابية للطفل مستقبلاً. فقد تؤدي هذه الحالة إلى الرفض الاجتماعي، وقد يوصف بنعوت من قبل اقرانه والقريبين منه لتؤثر فيه نفسياً، وتجره إلى ما هو أسوأ.لذلك يكون التدخل العلاجي حالة صحية وسليمة لصالح التلميذ في حاضره ومستقبله. ومن الصعب اعتبار ذلك تقييد لحرية الفرد في اختيار السلوك. إضافة إلى ذلك، تؤكد برامج تعديل السلوك على اختيار المعززات التي يرغبها التلميذ، وقد تكون نشاطية أو اجتماعية أو مادية.

4- ومن الانتقادات التي وجهت لتعديل السلوك بأن تعاملها ميكانيكي آلي يفتر المشاعر الانسانية لأن هدفها هو تغيير السلوك بأي شكل سواء كان ايجابياً أم سلبياً.

قد يقترب هذا الانتقاد من السلوكية الكلاسيكية التي تنكر العامل الوراثي التي تزعمها "واطسون" الذي يقول إذا أعطيت عدداً من الأطفال الأصحاء فإنني استطيع عن طريق تنظيم البيئة التي يمكن احاطتهم بها أن أختار أي واحد منهم بطريقة عشوائية، وأن أدربه لأجعل منه أي نوع من الاخصائي اختاره له، طبيب أو محام أو فنان أو تاجر أو حتى شحاذ أو لص بغض النظر عن ولعه وامكاناته أو الجنس الذي ينتمي إليه.

أما السلوكية المعاصرة المتمثلة بسكنر فتقول أن سلوك الانسان نتاج العامل الوراثي والخبرات السابقة والظروف البيئية الحالية (سكنر 1974) ولكنها تركز على الظروف البيئية الحالية.

وأفضل دليل على عدم ميكانيكية المدخل السلوكي هو ما يؤكد عليه (سكنر) بالضبط المضاد Countercontrol وهو ألا يستجيب الإنسان بسلبية لمحاولات الآخرين لضبط سلوكه. وفي ذات الوقت يحاول بشتى الطرق التأثير في سلوكاتهم.

أما ادعاؤهم بأنها تفتر المشاعر الإنسانية وكيف ذلك؟ وهي تستند بشكل أساسي على التعزيز الايجابي مثل الابتسام، الثناء، الانتباه، حضن التلميذ، تقبيله، فهي توهج المشاعر الانسانية وتخلق جسوراً من المحبة بين المعلم والتلميذ.

أكسيلرود (Axelrod, 1983) يقول: إن البيئة التي تخلو من التعزيز هي البيئة الفاترة.

5- إن عمليات التعديل السلوكي تتجاهل غالباً المفاهيم والخصائص التأملية أو الخفية للتلاميذ كالميول والطموحات والآمال ومفهوم الذات، الاتجاهات، الإرادة.

إن المدخل السلوكي لا يمكنه انكار وجود هذه العوامل والخصائص النفسية إذ أن العمليات النفسية الداخلية لا يمكن مراقبتها بدقة، لذلك يتعامل المدخل السلوكي مع السلوك الظاهر لمعالجته، ولكن وفي الوقت نفسه يقول (سكنر) (1974) إن السلوكات الظاهرة والخفية تتأثر بالظروف البيئية وإجراءات تعديل السلوك تعمل على ضبط السلوك عن طريق المتغيرات البيئية لا النفسية الداخلية.

6- إن برامج تعديل السلوك بسيطة جداً بحيث لا تستطيع التعامل مع السلوكات المعقدة، حتى أنها توصف بالسذاجة، ويعتمدون أصحاب هذا الاعتقاد على أن السلوك الظاهري ما هو إلا مجرد أعراض لمشكلات نفسية داخلية.

ويرون أن معالجة السلوك الظاهري لا يكفي، وإنما يجب معالجة الأسباب الداخلية، لأن معالجة السلوك الظاهري قد يؤدي إلى ظهور سلوك آخر للأسباب

النفسية الداخلية نفسها، وإن احدى المسلمات التقليدية في العلاج النفسي والتي ترى أن الأعراض المرضية قد تتحول أو تستبدل باعراض أخرى، إذا لم تعالج ما وراءها من أمراض، أي لم تبدأ بالعلاج من الشخصية، فإن علاج الخوف مثلاً سيستبدل بخوف آخر أو مشكلة انفعالية أخرى.

لم تؤيد الدراسات التي أجريت في هذا الموضوع ذلك الإدعاء، كما أشار ذلك (كلارزيو Clarizio, 1980) أو أن يكون ظهور المشكلة الجديدة على أنها بديل للمشكلة السابقة.

إن عدم معالجة مشاكل السلوك قد يؤدي إلى زيادتها وشدتها وهي المرحلة الأولى للجنوح، كما ذكرت ذلك كثير من المصادر (انظر أوبتن Upton, 1983) أما كون تعديل السلوك لا يعالج المشاكل المعقدة، فلا يستطيع أحد القول بأن أساليب تعديل السلوك قادرة على معالجة جميع المشاكل على وجه الاطلاق.

7- ومن الانتقادات التي وجهت لتعديل السلوك، أن السلوك المرغوب ينتهي حال الانتهاء من برنامج تعديل السلوك، وقد ينتهي السلوك المطلوب بإنتهاء المعزز.

إن الهدف من برامج تعديل السلوك ليس تغيير السلوك لفترة آنية، وإنما الهدف استمرارية هذا السلوك، وتعميمه إلى مواقف حياتية أخرى. لذلك كثير من الدراسات توصي باستخدام التعزيز المتقطع بعد اتباع التعزيز المتواصل بفترة معينة، وتغيير المعززات بعد اكتساب السلوك إلى معززات طبيعية، وتقليل كميات التعزيز سواءً كانت اصطناعية أم طبيعية وقد يكون استخدام المعززات من البيئة الطبيعية فاعلاً في إدامة السلوك وتعميمة.

ولكن.. هذا لا يعني أن كل السلوكات التي غيرت وعدلت عبر برامج تعديل السلوك قد استمرت، وعممت إلى مواقف أخرى، ولكن ما يفترض أن يكون هو استمراريتها وتعميمها.

8- وأخيراً ومن ضمن اهتمامات المختصين بهذا المجال هو ما هو رد الفعل لبقية التلاميذ عندما يطبق برنامج تعديل السلوك مع تلميذ واحد، فقد يقلد الباقون سلوك هذا التلميذ ليحصلوا على ما حصل عليه، أو قد يعترضون وخاصة التلاميذ الكبار ويرفضون العمل ما لم تقدم لهم المكافأة الخاصة.

اكسيلرود (1983) اقترح عدة نقاط لمعالجة هذه المشكلة:

(أ) المعلم قد يوضح للتلاميذ قبل البدء بالبرنامج أن هناك طفلاً يعاني من مشاكل، والبرنامج سوف يطبق من أجله والذي يعتمد على التعزيز، ويوعدهم بإنهم سيكافأون لتعاونهم بعد انتهاء البرنامج، ولكن من وجهة نظر الكاتب يفضل في بعض الأحيان أن تكون المعالجة دون معرفة التلميذ لكي تكون طبيعية ومؤثرة وخاصة مع صغار السن.

(ب) إذا كان هناك اعتراض من بعض التلاميذ فيفضل تجاهلهم وخاصة بعد معرفتهم السبب في تطبيق برنامج تعديل السلوك مع تلميذ بعينه.

(ج) أو يشترك جميع التلاميذ بالمكافآت.

(د) أو يسلم التلميذ مكافآته خارج الصف كالادارة أو البيت، ولكن من أدبيات الموضوع يفضل اعطاء المعزز بشكل فوري بعد الاستجابة الصحيحة لأنها قد تكون غير فاعلة إذا ما أخرت وخاصة مع التلاميذ الصغار.

(هـ) يفضل اختيار المعززات الطبيعية بدلاً من المعززات الاصطناعية، فالتعزيز الاجتماعي قد لا يثير الاعتراضات، ولا يؤدي إلى تقليد السلوك غير الطبيعي للفرد والمعالج.

الحقيقة أن هذه النقطة جديرة بالانتباه إذ يجب أن يكون المعلم حذراً في تطبيق البرنامج، بحيث لا يؤثر بشكل سلبي في الآخرين، لأن الهدف من البرامج هو البناء، وليس البناء والهدم، إذ أن معالجة طفل واحد والتركيز عليه بكل صغيرة وكبيرة قد يؤدي إلى خلق سلوكات غير صحيحة لتلميذ آخر أو أكثر.

فالتركيز على تلميذ بعينه، قد يشعر الآخرون بعدم كفاءتهم، وخاصة عندما يكون التلاميذ منتبهين الى المعلمة.

فإذا أرادت المعلمة تعزيز التلميذ المستهدف تحاول تعزيز تلاميذ آخرين، لكنها تجسد التعزيز مع التلميذ المستهدف فمثلاً عندما تستخدم وضع اليد على الكتف كمعزز، تضعها على عدد من التلاميذ لكن وضعها على التلميذ المستهدف بفترة أطول بحيث تكون أكثر فاعلية. وعندما تريد أن تبتسم له، تحاول اشراك عدد من التلاميذ، ولكن تجسد الابتسامة مع التلميذ المستهدف بفترة أطول. وقد تستغل المعلمة بعض الفرص التي يمكن أن تمنح خلالها كثير من المعززات، كأن تستغل فترة انشغال التلاميذ بحل واجب، أو نقل من السبورة، أو أي ظرف آخر ممكن استغلاله فتضع يدها على كتفه، أو شعره، أو تبتسم له، أو تربت على ظهره دون أن يعرف الآخرون بذلك.

المراجــع

- Al- Dahir, K. A. (1987). A study of behaviour modification with special reference to mentally retarded children. **Unpublished Med Dissertation,** Cardiff: Faculty of Education, Cardiff.

- Axelrod, S. (1983) .**Behaviour modification in the classroom teacher,** NewYork: Mc Graw Hill Book Co.

- Clarizio, H. F. (1980) **Toward positive classroom discipline** NewYork: John Wiley and Sons.

- Harrop, A. (1983). **Behaviour modification in the classroom.** London: Hadder and Stoughton.

- Mymans, G (1985) Reward contingency, standard instrnsic motivation. **Dissertation Abstracts International,** 40, 5.

- Poteet, J. A. (1974). **Behaviour modification: A particular guide for teacher.** London: London University Press.

- Skinner, B.F. (1974) About Behaviourism. NewYork: Kropt.

- Upton, G. (1983). **Education of children with behaviour problems.** Cardiff. Faculty of Education, University College Cardiff.

- Webster's **New word Dictionary of the American Language** (2nd) College of Engle Wood Cliffs. N. Y. Prentice Hall, 1970.

Printed in the United States
By Bookmasters